全新 $\underline{6週}$ 正念練習法

全球最熱潮流，人人都在追求的內在整理，讓你進入最佳工作狀態，活出愉悅人生！

A mindfulness guide for the frazzled

茹比‧韋克斯　著
Ruby Wax

張琇雲　譯

contents

達賴喇嘛用讚賞的眼神看著我

Preface

前言

我是誰

有些讀者可能不知道我是誰,所以接下來就先簡單聊聊到目前為止的生活好了……

憂鬱症究竟是先天體質或後天造成,至今尚無定論。我不想把罹患憂鬱症這件事怪到父母頭上,但只要稍加瞭解我的家族背景,或許可看出一切都是命中注定的吧!我們家好幾代的猶太祖先,其一生都過著顛沛流離的日子。攜家帶眷,扛著咖啡桌,從一個國家逃到另一個國家,才剛在某處落腳,又得再次逃亡的命運。連我的爸媽也不例外地從奧地利逃了出來,要不是他們的動作夠快,現在就不會有我的存在,也不會有機會撰寫這本書,更不會有這本書的誕生。因為身上流著世代的血液,不免也遺傳到這種基因,總是不停地在尋求安全感,卻從未找到真正的家。

遠渡重洋,登陸美國之後,我爸建立了一個香腸王國,成為著名的芝加哥香腸王。只是他真是一位人見人怕,鬼見鬼愁的老闆。每當農場的豬隻見到他,總是避之危恐不及。照理說我應該要繼承爸爸的王國,但我客氣地婉拒了。而我媽則是個超級怕髒的女人,大半輩子都跪在地上追著一坨坨的灰塵跑。她為了要求我們養成衛生的好習慣,便照著格林童話的故事來餵養我們。故事裡,晚餐前沒洗手的孩子會

先被剁掉大拇指，再做成餡餅等。還有很多關於我父母的故事，比方說從前我媽如何在一望無際的土地上找到麵包屑，請參考在下的第一本拙作《你想要我怎樣？》（*How Do You Want Me?*）。

提起教養這件事，俗話說：「不打不成器。」所以我爸媽打我打得可兇了，只是長大後，我這孩子也沒多爭氣。小時候每次被處罰，我都會記下他們以後要付我多少錢，以彌補這一筆筆的心理創傷。累積起來，金額還真不少呢。雖然至今半毛錢我也沒拿到過，但他們送我去夏令營，還付錢讓我矯正牙齒，我就會想說那就少算點好了，因為我覺得他們這樣做很好心。

每年為期兩個月的暑假，我都會過得很開心，因為可以參加擲標槍、划獨木舟這種極限運動，並且從中學習競爭精神。

當時我正就讀中學，不僅是班上的笑柄，還被取了個可愛的綽號，叫「長牙妹」，因為我的門牙長得很像牛羚的牙齒。之後我戴了整整十年的牙套，如此一來，我的牙齒才會後退到同身體其他部位的生長時區。由此可知，我小時候不怎麼討人喜歡。沒錯，連我自己看我現在這個樣子，也很難相信以前的我是那副德行。

念中學時，我在《我愛紅娘》（Hello, Dolly）劇中軋了個小角色，扮演一條「蚯蚓」。雖然毫無經驗，也沒表演天分，我卻不知中了什麼邪，長大後竟搬到倫敦，成為一位優秀的古裝劇演員。只是前十年我都住在租來的小套房，屋內的裝潢看起來好像有人在裡頭大出血過，也沒暖氣，因此，我得常張開腳站著，將吹風機往中間吹，才能熬過那冷冽的寒冬。至於我是怎麼進入演藝圈的，只能說我不是突然大紅大紫的那種人。儘管我到每間戲劇學校試演過，也戴著自己用厚紙板做的頭巾，把茱麗葉詮釋得活靈活現，卻沒有一間錄取我（千萬別戴厚紙板頭巾，因為戴著這東西走過門口非扭斷脖子不可）。

　　長話短說……最後，我是憑著一股幹勁加入了皇家莎士比亞劇團（Royal Shakespeare Company）；憑著一股幹勁，進入電視圈，一待就是二十五年；憑著一股幹勁，結婚生子……也正因為我用了這股幹勁，把自己逼得太緊，在七年前，我撞車了。還開著著火的車衝下精神正常的懸崖。在住院接受治療時，有好幾個月時間我都坐在椅子上，因為太害怕而不敢起來。雖然終其一生都飽受憂鬱症折磨，但這次是致命的一擊。

　　後來我察覺到，長久以來我都用成功當作盔甲，以掩飾自己凌亂不堪的內心。我虛構出一個自己，如同拉斯維加

斯那些笑容可掬的展場模特兒人形看板——只是個門面，背後空無一人。在那一刻，我頓悟了。原來名氣是我一直用來遺忘不正常童年的最好方法。在這次嚴重到無以復加的憂鬱症發作之後，深深覺得自己應該要離開演藝圈，嘗試過不同的生活。反正我也越來越不紅了，或許這也是個明智之舉（有次我在倫敦希斯洛機場三號登機門，幫印度哥斯達航空〔Costa〕啟航剪綵時，我就知道自己過氣了）。

我以為這會是個改造自己的好時機，也可以同時找出這些年來住在我腦子裡的究竟是誰……再次長話短說，就這樣我開始研究起正念認知療法。而且我做事向來有始有終，不僅到牛津大學進修，最後還取得碩士學位。先插播一下，免得我忘了：我有沒有提到我今年獲頒大英帝國勳章？也許吃了那麼多苦頭是值得的……也或許不是。

對治疲憊不堪的正念指南

「她取這書名有何用意？」「她為什麼挑這主題？」「你覺得她寫這本書能賺多少？」「你覺得這本書會有人買嗎？」「她說她現在幾歲了？」「我從沒喜歡過她的電視節目。」

以上是我前一本著作《精神問題有什麼可笑的》的幾則

讀者評論，也是我無意間聽到的。先回答第一個問題吧！我取這書名究竟用意何在？

以神經生物學家的說法，可能是某人「正困在一種『疲憊不堪』的狀態中」。換言之，正因為這些人的神經系統充滿了皮質醇和腎上腺素，所以才會持續地累積壓力到不堪負荷的程度。也因此他們只會注意到自己的煩惱，而忽略掉手邊的任務。只要日積月累下來，則可能會令人身心俱疲（我發誓我想出這本書的書名時，並不知道「疲憊不堪」〔frazzled〕是專業術語，由此可見我一定是個聰明絕頂、直覺超敏銳的人）。

第二個問題：為什麼要挑這個主題？因為我清醒的時間以及偶爾睡覺時，大多是周遊在疲憊不堪的國度裡，所以我自認有資格當個稱職的導遊，帶領大家到幾處較為著名的困惑與自我懷疑的沼澤地觀光。經過親身體驗，我得出的結論是：其實很多人都是住在疲憊國裡，也都在找出去的路。所以請放心，你並非隻身一人在這沼澤地裡，我們是同一夥的。當下我便決定：我們必須學習如何安然地度過不確定與迷惑的時期，而不是花時間抱怨或將這些問題歸咎於外界，害自己感覺精神極度失常。在這本書裡，我也會推薦幾處絕佳度假勝地供你休憩、充電。

現在是十一月，我人在倫敦的麗茲酒店（Ritz Hotel），心卻籠罩在迷霧中，一種灰色的濃霧。我不知道自己怎麼會來參加這場活動，甚至不知道我是怎麼到這兒來的。我問慈善活動援助的對象是誰，結果有個體型壯碩、蓄著兩大撇八字鬍，穿著貓毛罩衫的女士告訴我：這是「拯救海鸚」的慈善活動。說巧不巧，她剛好也是這個慈善團體的發言人，之後還用濃重的蘇格蘭腔發表了一篇感人肺腑的演說。內容提到由於風勢猛烈之故，海鸚很難降落在奧克尼群島的石塊上；就算牠們費盡千辛萬苦，終於落地下了一顆蛋，也阻止不了強風把蛋吹走。整場演講下來，只提及海鸚再也無法降落在那裡，至於全球暖化問題，則是隻字未提。

我的天啊！當全世界都在融化，我卻跑來聽某人訴說海鸚的日子過得有多辛苦，還得強忍住吶喊的衝動：開一艘船把海鸚全載到邁阿密不就得了嗎？這樣問題不就解決了？

　　文中所提到這道灰色濃霧，每隔三到五年就會出現，而我便會陷入憂鬱的情緒中……只是當時我不知該怎麼稱呼這種情況，他們只會說「又來了」或「自找麻煩」（這是我爸媽愛用的說法）。比方說，看到我媽拿濕抹布擦天花板，他們會說我媽又再「自找麻煩」。我從不知自己將於何時發作，

不過有個明顯的線索是，我最後會跑去參加像剛才提到的拯救海鸚之類的活動。我可能會瘋狂地參加活動，讓全世界和我自己知道我什麼毛病也沒有，我的行為正常得很。只是我試圖掩飾自己已經發瘋的事實，就好像是在腫瘤上打石膏，無濟於事。

還有一次，就在十一月的海鸚活動後不久，我發現自己正戴著水肺，準備潛水到布萊頓碼頭底下。那時我正在考潛水員執照，而這是試題之一。我凍得全身發青，牙齒喀啦打顫，腰帶越來越重……接著我就一路沉到九公尺深的水裡，而我卻發現自己正看著一輛購物推車和一雙夾腳拖鞋。珊瑚礁到哪去了？鸚嘴魚呢？我覺得這些東西在別人的生活裡好像都有，但我卻只得到一輛推車和一雙夾腳拖……

好了，現在來聊聊為什麼我會跑去學正念認知療法。之所以選擇正念認知療法，唯一的理由是因為諸多科學證據證明，在治療各式各樣的身心疾病時，正念認知療法的成功率最高。再重複一遍，這是*唯一的理由*。

我選擇研究正念認知療法，也是因為我已經試過每一種男性和女性都知道的心理干預法，從平淡無奇的香草療法（那次的治療課程，我聊到我爸媽長年以來有多麼瘋，結果整場下來，就變成是我一人在唱獨腳戲），到千奇百怪的另

類療法，例如連續三天用球棒打枕頭，邊打邊叫枕頭爸爸，然後再幫它舉辦一場喪禮，將它埋起來、哀悼它。說起來怪難為情的，但我也接受過一次重生治療。有人給我一根水下呼吸管，叫我待在浴缸裡，然後再抓著我的腳踝把我拉出來（跟第一次出生的情況一樣糟）。天啊！可以不要再叫我講下去了嗎？我還去找過一個打扮成中古世紀穿著的人，她說她能轉達梅林的訊息，只是說話時卻帶著聖地牙哥口音，時不時夾雜著「汝」和「主啊」這種字眼。她先生則穿著無袖短上衣和緊身褲，頭上戴著小丑鈴鐺章魚帽，還倒蜂蜜酒給我們喝（雖然我可以繼續說下去，但這是另一本書的題材）。我是瘋了沒錯，但在經歷這一切之後，我相信唯有科學才是改善我病症的正途。

我最後一次憂鬱症發作是在七年前。自從那次發作，我便承諾自己：我會採取行動，設法學習套住自己那顆狂亂的心。於是我一頭栽入研究模式，大量閱讀科學期刊、報告，無法自拔。以下是我的發現：單看憂鬱症一項，正念認知療法即可讓發作過三次或三次以上的人，有百分之六十的機率不再復發。但真正吸引我的是，正念認知療法靠自己就能做到，不必再沒日沒夜地跑到精神科醫師那裡大喊：「把我醫好！」……最棒的一點是：不必花上一毛錢（我是猶太人，光這點就能讓我的病好一大半了）。起初我還以為「正念」的意思，是直挺挺地盤腿坐在一個小土丘上，嘴裡喃喃念著

經文，內容可能是倒著念的電話簿。儘管如此，我還是姑且一試。

先聲明，憂鬱症的藥我還是照吃，就像生病得服藥一樣。只不過，抗憂鬱劑如果保證有效，就不會有人復發了。因為我們這些憂鬱症患者多半都會再復發⋯⋯而且是很多次。這也是為什麼我會在藥物治療之外，再加入禪修的原因──把這想成是戴兩個保險套：雙層套子，雙重保障。

我希望這聽起來不會太像是在傳福音。如同每個人的指紋都不一樣，雖然正念對我有效，但你應該採用對你自己有效的方法。比如你想爬行到法國的盧爾德，去親吻聖母瑪麗亞雕像的腳，這樣你會感覺比較愉快，那就這麼做吧！

反正，最近我剛好取得牛津大學正念認知治療碩士學位（我可以從現在起稱它為「正念療法」嗎？每次提到它都要寫出全名還挺累人的）。所以，若問我為什麼這本書講的是正念療法？那麼這就是原因所在。

這本書葫蘆裡賣的是什麼藥？

第一章：疲憊不堪的原因何在？

人類歷經百萬年演化，卻仍未臻完美。即使現在的我們能以雙腳站立，蹬著七吋高跟鞋還能奇蹟似地保持平衡，而且腦容量是動物王國中所有動物中最大的，但卻只不過是半調子。所以在第一章會講到我們自己，也提及人類的智慧為何無法跟上演化的速度。

第二章：正念是什麼？誰需要正念？原因何在？

這個叫做正念的是什麼玩意？為什麼我們需要正念？有什麼東西正在我們的腦子裡橫加阻撓，不讓我們理解「快樂」這原本就晦澀的概念？

第三章：大腦的運作方式及正念背後的科學根據

寫本章的目的，是為了讓大家知道我有多聰明。我提供了神經學的證據，說明為何正念療法處理壓力成效卓越。我所說的壓力，不是頭髮剪壞了的那種，而是累積到最後會讓人少活幾年的那種壓力。

第四章：令人憂鬱的插曲

寫完第三章，我的憂鬱症又發作了。中斷了很長一段時間之後，才又提筆寫第四章。預知詳情，請看第四章。

第五章：正念六週課程

通常得上八週訓練課程，才能學會正念療法。至於要不要再繼續練習所學到的技巧，端看你自己。你再也不需要跑到誰那裡，拜託他幫忙你修補殘破的心靈；現在，主控權就在*你*手上。我提供的是簡單、有趣的六週正念療法課程（我在牛津大學的教授馬克・威廉斯〔Mark Williams〕便是正念療法這門學科的創辦人之一，他審核過我的課程解說，所以不用擔心，我可不是昨晚才胡亂編出這門課的。心裡還是想著：「管他的，反正又沒人會發現」）。

第六章：社交腦：正念的人際關係

本章從頭到尾都在講如何利用正念，改善與家人、朋友、社區、國家及世界的關係。因為有與其他人的連結，我們才能活到現在，過得健康幸福，所以我想說的是：有技巧地與他人培養感情，或許是最重要、也是最該學會的技巧。基本上，這章會提到我認為同理心是最重要的社交訣竅。

第七章：給父母和嬰幼兒的正念

我會在本章提供幾個正念練習。父母可跟孩子一起做，也可自行做這些練習（在處理孩子的問題之前，父母得先解決自己的問題。倘若父母不知道自己有哪些問題，孩子就不可能有機會解決他們自己的問題）。

第八章：給大孩子和青少年的正念

如果你想給青少年子女建議的話，他們只會覺得你像一隻嗡嗡叫、討人厭、怎麼樣也死不了的蚊子。唯一能讓他們願意賞臉，願意"思考如果能集中注意力和減輕壓力，會有哪些好處的方法"這件事的話，就是讓他們覺得你說的話，能幫助他們處理同儕壓力、考試壓力，以及在荷爾蒙分泌旺盛時期爆發的其他各種壓力。我也會在這章淺談在學校的正念，亦即使用廣泛、效果顯著的 .b 課程——代表「停下，呼吸，存在」（Stop, Breathe, and Be!）。

第九章：正念與我

在這章節裡，我把賭注押在自己的大腦：我會在密集的靜默避靜（silent retreat），也就是一天修習七小時正念的前後，各接受一次腦部斷層掃瞄，期間我會全程寫日記……

除非他們拿走我的筆。

附錄

　　……我這瘋女人最後還有些話要說：我會在本書中不時穿插一些我自己的故事。你會知道哪些是我的親身經歷，因為那些內容我會用粗體字表示，**看起來像這樣。**

疲憊不堪的原因何在？

Why FRAZZLED?

我們都很疲憊，*每個人都是……*好吧！是多數人……好啦！是我有些朋友。我口中的「我們」，指的是生活在自由世界的人。相較之下，我們的生活較無侵略、飢餓、瘟疫或下青蛙雨這種事。我們這群幸運兒跟中樂透沒兩樣，挑對時間、地點出生，只不過總是愛抱怨自己有壓力。為什麼不能等自己活到一〇九歲，嘴裡還有牙齒而感到開心呢？畢竟光是還在呼吸這麼簡單的一件事，就值得開香檳慶祝了。只是我在根本不需要有壓力時感覺壓力大，坦白說我也難辭其咎。不懂為什麼我在寫這本書時壓力大得不得了，還疑神疑鬼，擔心到沒有一個字寫對。在炸彈快要掉到自己頭上時，才應該感到壓力大，而不是因為不知道要逗點，或則任何標點符號，要標在哪裡才對。所以讓人感到壓力大的，應該是覺得自己有壓力的想法，而非事件本身。

　　我說：我們正處於某種危機狀態，並非指某位仁兄即將觸發人人聞之色變的第三次世界大戰。（無論這是真實或想像的事件，這位仁兄可能是治理北韓的那個瘋子，或是其他數也數不完、精神失常的國家元首。）而是除非我們能盡快從夢遊狀態中醒來，否則事情將每況愈下，且全是我們咎由自取。再者，從演化的角度來看……好啦！是從情緒演化的角度來看，我們正倒退回以四肢爬行的狀態。人類都已經進步到可以把火箭發射到太空去探勘宇宙了，卻只是一直在拚命競爭、求成功，忘了要探索自己的內心。至於為什麼要這

樣做，卻一問三不知。我們必須先調好鬧鐘，將自己從這種神智恍惚的狀態中吵醒，擺脫焦慮、煩惱的思維模式，真正運用感官，讓自己的神智恢復清醒，這才是體驗生活的不二法門。不是透過文字，而是透過視覺、嗅覺、聽覺、觸覺、味覺等五感……你今天塞進嘴裡的飯菜，認真吃進去的會有幾口？此外，人類剛出現時，肯定是警醒的，只是我們不知從何時開始不再留心眼前的一切。原始人一聽見樹枝發出劈啪聲，一看見灌木叢在晃動，就會發出警戒注意，而現代人卻只是開啟「自動導航模式」（指依照過去經驗建立起的舊習性，一種無意識，漫不經心的模式），渾渾噩噩度日，只想盡快把事情做完，能多快就多快，之後再把資料整整齊齊地收進抽屜裡。

我們應該努力朝著過平靜生活的方向前進，而不是只想完成清單上一件煩人的事，心想等這件事做完之後，便可開始好好過日子。所以別再拖延，再遲就來不及了。我們要不是學著如何醒來，要不就是到死都還在夢遊。

大腦的演化

喜歡也好，不喜歡也罷，每個人的生命之初都只是一個小細胞。若想瞭解現在的我們，就得先向從前原生質的我們

致敬。人類的起源並沒有那麼早，真正成為直立行走現代人的時間，也不過二十萬年。在那之前的我們是魚，是蜥蜴，是各式各樣的人猿，而且還不是最高等的那種。然而，多數人卻渾然不知自己受這愚蠢源頭的牽制有多深。

從某些方面來看，我們也算是有長足的進步，例如會煮魔鬼蛋。但從情緒發展的角度來看，我們仍跟綠藻類沒兩樣。依我所見，我們一定要考慮到史前時代人類對我們的影響。我們可以喝茶配英國鬆餅，假裝自己是文明人，但我們那原始人的本性仍在敲鑼打鼓。

最早發展出來的，是一顆確保我們性命無虞的大腦，這也是人類與其他哺乳動物的共通點。表示我們跟其他哺乳動物一樣，隨時都在注意哪裡有危險，以及對快樂永無止盡的追求，但我得先戳破你的美夢，告訴你其實悲觀才是人類天性，因為如果不想絕種，就必須隨時準備好應付危險。而這就是為什麼人類傾向負面思考、並非積極樂觀的原因。曾有人說，每出現五個負面想法，才會有一個正面想法。但生活在這樣的文化社會裡，讓人無法正向思考的，不是無法預料的隕石，而是諸如截止日、償還貸款等事項。國家赤字，人人有責。

問題是我們並未察覺到，我們有一部分的大腦仍依循

著五億年前的規則運作。我指的是「殺戮、交配」這個思想學說。儘管以為自己早已進化，實際上我們還是帶著一顆石器時代腦袋的洞穴居人。只是我們在設法應付的是複雜的二十一世紀。這也許是精神科醫師和藥物需求量如此龐大的原因。

一開始並沒有問題，因為人類老祖宗和家族成員同住在部落裡，每個人的基因都相同，因此彼此信任、互相保護。只是成也基因，敗也基因，血脈相連的關係，導致基因嚴重突變，有些堂表兄弟姊妹多了幾隻用不到的手指頭，有些則是腳往後長。當部落開始擴張、城市規模變大、文明興起之際，問題便出現了，接著就必須制訂規則，控制更深層、更黑暗的欲念，也就是不要亂倫。雖然佛洛依德試著幫助人克制本我，但那更卑鄙、更原始的自我卻仍在底下蠢蠢欲動。壓抑無效，內在野蠻的人性永遠在伺機而動，準備隨時反撲。

壓力的演變

早期人類生活艱辛，大多死於疾病或老邁（二十二歲半左右）、意外、難產、牙齒不好……。但沒有人是因為壓力而死的。當時沒有用來描述壓力的字詞，所以也沒有人抱怨壓力大。

我的推論是：壓力的概念，應該是出現在人類有了語言之後。因為老祖宗開始有想法、會說話，再也不能只有擲完標槍就無所事事，可以在心裡評論自己的標槍扔得好，還是不好……雖然通常是不好。

　　請別誤會我的意思。思考能為人類帶來諸多好處，我現在正在思考，或許你也是。這樣很好，只是壓力這個詞也會伴隨著思考這個新意識而來。

　　一旦防洪閘門打開了，大腦便需要更大的空間，以容納各式各樣的想法。所以約莫十萬年前，老祖宗的腦容量便大了三倍左右。可能是因為天氣，也可能是地球傾斜的緣故；也或許是人類為了要使雙腳直立，必須讓大腦與脖子成一直線的原因。總之，心智快速成長了（確切的日期我也不知道）。一旦有了超大容量的大腦，老祖宗便能開始思考要在腦袋裡頭裝些什麼。而且大腦突然變大顆的好處就是：不需要再跟人類的遠親猩猩一樣，在爛泥巴裡爬行，而是能開始發明像氣泡袋之類的東西。但另外一方面，壓力也伴隨著這些偉大的發明而來，因為那些被發明出來的東西是需要修理、投保、換電池的。重要的是這些事沒有人會幫你做，更別指望那些猩猩朋友了。畢竟牠們到現在還是沒什麼用處，只會耍耍香蕉把戲來娛樂我們。

大腦鞭策著我們要開疆拓土，於是我們用購物中心和美甲店來塞滿地球，但接下來要做什麼？變成思想的先驅，利用高科技，而不是寬輪篷車，在遙遠的新國度插旗，高談闊論，發表自己的意見、喜好、政治立場，展示自己的塗鴉。我們不再是靠兩條腿走到哪說到哪，而是透過網路。

大家誤以為電腦問世之後（謝啦！蓋茲老弟），那些無聊的事就可以全部交由電腦做，只需追蝴蝶、插花就好。沒想到現在我們整天忙著做無聊的事，電腦反而在享受它的黃金歲月：駭入世界銀行，讓史蒂芬·霍金（Stephen Hawking）用美國口音說話。我預測人類將變成多餘，最後完全由電腦取而代之，退化成科技的配件。

我們的大腦

既然沒有人會對屋裡那頭疲憊的大象說話，那為什麼我們要讓自己的日子更難過呢？為什麼要在心裡裝那麼多垃圾？而且還不能再把垃圾扔出去？臨死前不會有考試，何必填塞那麼多東西？我知道*我*已經到極限了，而現在必須把自己的記憶傳送到雲端，但卻不知該如何取出記憶。

下載到電腦裡那幾兆億位元的資訊（這些電腦的處理

能力，比控制阿波羅任務的那台更強），正透過你的指尖傳入你的大腦裡。紐約時報暢銷作家大衛・李維森（David Levitan）寫道：「排除工作需要，單只是為了和朋友溝通，每個人每天就平均產出十萬字。現在有 21,274 個電視頻道，得花上十七輩子，而且每輩子都得活到一百五十八歲，才能看完每個頻道，然而其中大多不值得一看。」吸收如此大量的訊息，是要付出代價的。想弄清楚哪些是自己需要的，哪些是瑣事，是很累人的。當我們的大腦正處於嚴重阻塞的狀態，便很難做出明智的決定。該擔心冰島冰山融化的問題，還是該擔心買哪個牌子的牙膏才對？可惜人腦不是電腦，需要的不是充電，而是休息，但卻無法做到。因為誰有空休息啊？……「休息」已經變成一句髒話。上廁所是唯一能順理成章休息的時候。每則推特、每次登入臉書、每則簡訊，都是在榨乾你的能量，而這就是你老是忘記車子停在哪裡的原因。

在抱怨「待辦」事項堆積如山時，別忘了這是我們咎由自取的，可沒有外星人趁我們不注意時，把「這些事」植入我們腦子裡。好啦！就算你真的有必要寫下幾件重要的事，例如該買牛奶了，或是該做大腸鏡檢查了，那就寫吧！只是如果這些「非做不可的事」一天多達數百件，可就不妙了。我們之所以會把事情一件一件往上加，可能是擔心要是哪天事情全做完了，便失去生活目標，也不再有跨出下一步的理

由。如果突然無事可做，你會慢慢停下腳步嗎？屆時將發生什麼事？即使人人都在抱怨非做不可的事堆積成山，倘若哪天真的無事可做了，又該如何是好？「做還是不做，這真是個大哉問。」（作者將莎士比亞悲劇《哈姆雷特》（*Hamlet*）名句："To be or not to be, that is the question." 改成 "To do or not to do, that is the question."）一天當中，老是在趕著開會、吃午餐、健身、赴約、參加雞尾酒會，連三分鐘時間都空不下來的人，在社會上被視為事業有成者，是世人的榜樣。但在我眼中，他們應該被綁在火刑柱上燒死（我是帶著慈悲心說這句話的），因為他們讓我們許多人感覺自慚形穢。

人以外的動物，都知道自己在做什麼。以鳥類為例，候鳥遷徙數千英里下蛋，再大老遠飛回出生地，進行更多的隨機交配，但沒有一隻鳥會抱怨。我們不必游泳，不必飛行，也不必慢跑一千英里，卻還是累得要命。原因無他，只為了不讓後面的人追上……而事業有成的人也不讓後面的人追上，至於在他後面的那個人，則正瀕臨精神崩潰邊緣。既身而為人，就要站起來承認自己的弱點。如果你這麼做，周遭的人就會同情你，還會發揮同理心（這是我們很少用到的特質），如此世界才能從貪婪病和自戀病中康復。

我們必須醒來，注意身心發出的訊號，偶爾放緩步調，

欣賞風景。我不是說永遠都如此，只是在重返所謂人生的賽跑之前，要偶爾停下來加油。我認識一位神經科學家，最近他心臟病發，狀況危急。我以為他應該對大腦多少有些瞭解，知道大腦不可能一週工作四百小時，只睡兩小時，還能永遠運作下去。沒想到，病發後才第三天，身上連著一台肺部機器，鼻子裡還插著鼻胃管，便嚷嚷著不可一日不工作，吵著要在醫院病床上繼續講課。由此可證，神經科學家也可能是白癡。

比較心

另一件令人疲憊的事，是不斷拿自己和他人比較，老是在四處探聽，看誰最厲害。在自然界裡，雌蜜蜂的幼蟲長大後可能是蜂后，也可能是工蜂，要看牠吃的是哪些食物。蜂群的社會結構十分複雜，有各式各樣的工蜂，例如收穫蜂、護理蜂和清潔蜂，但沒有足球員之妻蜂或名人蜂。每隻蜜蜂都有東西吃，沒有競爭這回事，如果是清潔蜂，就不會想成為護理蜂。反觀我們，卻覺得自己必須十項全能：要當蜂后，要下蛋、清潔、養育，還要學轉呼拉圈。這就是我們最後得服用抗焦慮劑贊安諾（Xanax），而蜜蜂不需要的原因。反正，比較這種事，問我就對了，因為它是我神經病湯裡的一樣食材。

我人在愛丁堡，心情糟透了。因為我正在釐清自己為什麼會這樣。表面上，我的節目、人生、工作，都一帆風順，到底是哪裡出了差錯？我最後想到一個原因。

我正在吃晚餐，旁邊坐的是布萊恩·考克斯（Brian Cox，英國粒子物理學家）。我很想吐，因為他不但是分子遺傳學家，還是天體物理學家、探索家、分子物理學家和量子／電／水碰撞學家。

他長相俊俏，看起來才十歲。這犯了我那個叫做比較的大忌。我使盡全力，想從我那個名叫大腦、裡頭空無一物的地方拿點東西出來。我用舌頭抵住上顎說：「如果有無數個平行宇宙，就表示有無數個『我』，那我要怎樣用一支湯匙把食物送進嘴裡呢？」

他應該是覺得我說的有道理，所以接下來才會告訴我，六十萬年前，當氧氣量終於足夠時，有個來自某種菌類、充滿粒腺體的細胞（我點點頭，好像我知道那是什麼玩意似的）開始吸入氧氣，另外還有一個細胞吐出甲烷。我沒輒了，乾脆假裝昏倒算了。

我沉默了太久，於是他轉移焦點，開始跟坐我們對面的那個人聊天，告訴他當初 Le. 173 基因被發現時，科學

家便可確定細胞從中非到埃及能轉移多遠。對方沒回應，我以為他跟我一樣笨，但接下來布萊恩告訴我，他是全球頂尖的宇宙學家。我洩氣了。卡洛斯·富蘭克（**Carlos Frenk**，墨西哥籍英國宇宙學家；我到 **Youtube** 查詢他時，差點噎死）。那天晚上，我收尾收得不好，可能喝太多了。

把人逼瘋的，正是那老掉牙的「比較心」。有些人樂天知命。我知道在英國還有這種人，他們住在森林裡，自己養雞，以擠奶維生，還會圍坐在火堆旁烤棉花糖。至於我們這些人，則是遭受到來自虛空中的訊息。襲擊內容是若想成為很酷的那種人，該擁有什麼但自己卻沒有的東西。這已經不只是要我們與鄰居並駕齊驅，而是要讓鄰居心裡又氣又恨，卻又望塵莫及。

比較行為由來已久。「為什麼法蘭的洞穴裝比我的好看？」「為什麼我的遮襠褲這麼小件？」內容永遠是一成不變的「為什麼？為什麼？為什麼？」，而這就是讓人感到壓力的原因。我們努力、努力、再努力，總是如此：自大、妄想，讓我們吃盡苦頭、鬱鬱寡歡；我們就像餓鬼似的，老是在尋找、想要、渴望什麼。不久後應該可以在墓碑上看到「她死於嫉妒」或「他因為車子太小輛而斷氣」。

我的主題歌叫做「永遠都不夠好」。只要和絕頂聰明的人在一起，我就會變回十三歲時的白癡德行，突然一口暴牙、一無是處、呆頭呆腦地坐在教室後面。跟這些人相處越久，我就越無法把話說清楚，感覺我的智商又低了好幾分。當下，我會設法讓他們說個不停，這樣他們才不會發現我什麼都不知道。

最近我約全能天才羅伯特・溫士登（Robert Winston）爵士、教授、博士暨外科醫師陪我喝茶。他是十六所大學的榮譽博士，而我只是一所大學的半個博士。他在英國文學藝術節（Hay Festival）看了我的演出之後，對我讚譽有加，於是我洋洋得意地問他是否願意跟我聚聚。他同意了，還建議在國會上議院碰面。只不過，到了那天，我卻慌張起來，不知該跟他聊些什麼。

好了，廢話少說。我正和羅伯特爵士坐在這無比神聖的地方，木板牆上掛著一排老政治家的老油畫，還有一位穿著燕尾服鞠躬的侍者正在為我倒茶。就在這時，我發現自己沒話題聊了。我問羅伯特爵士他在忙些什麼，他親切地跟我提起他全球性的表觀遺傳學研究。我是聽說過表觀遺傳學啦，但我總可以說這不是我的專長吧！我現在在流汗，什麼也吃不下。要是他再隨口問我什麼，我應該會中風吧！我考慮去洗手間上網查詢「表觀遺傳

學」，這樣他就會喜歡我，不會覺得我腦殘。之後的事我不大記得了，只記得我竭盡所能地搞笑（這是一張我丟出來誘敵的牌），可是每次我太努力搞笑，總會適得其反。我想這只是我的絕望之舉罷了。

往外走的路上，我們慢慢停下腳步，最後站住不動。在掛著像《阿達一族》那群人畫像的走廊上，有個穿紅色西裝、西裝上有金鈕釦的人迎面來，手裡拿著金槌子。我知道那個金色棒子的不叫金槌子，但我也不知道正確名字是什麼，只知道重要人士在議會廳即將開會前，會拿來敲地板之類的東西。

等他經過，我們就繼續往前走。伯羅特爵士介紹我認識其他爵士和女士。我行屈膝禮，還用《唐頓莊園》（*Downtown Abbey*）那種傭人的方式鞠躬。他介紹我認識某女士，說她就是更改英國離婚法的人。顯然她很聰明，於是我又再次喪失說英語的能力，啞口無言。我們又繼續往前走，途中我對一名經過的爵士（我剛好以前見過他）說：「我不配。」他經過我身邊，大約又走了二十英尺之後，回頭大喊：「不，你配。」這讓我可以在走出那棟建築物時，不至於尿濕褲子，顏面盡失。只能說，人生處處有小奇蹟呀！

選擇

　　一顆老鼠屎壞了一鍋粥。在我們覺得自己為什麼會這樣的這鍋粥裡，還有一顆老鼠屎，或蟑螂屎……老是在粥裡飄來蕩去。而這顆屎就是選擇。我剛到英國時，會因為沒有草莓或香草口味的冰淇淋而想殺人。即便那時候，美國也已經有三十一種口味，如今則多達一千三百一十種。這些口味是慢慢出現的，從巧克力、薄荷、泡泡糖、培根蛋、紫花苜蓿、無卡路里、無脂肪……到無冰淇淋。現在英國不只迎頭趕上，還超越了美國。選擇，正在毀滅我們的生活，佔據了我們寶貴的光陰。我說，我們的生活有百分之九十九的時間都花在決定這件事上（不只是要選哪種口味的冰淇淋）。我們苦於要做得決定太多，卻忘了自己能承受的有限，一旦逼得太緊，就會神經疲乏。早知道就該忠於香草口味。

　　喜歡也好，不喜歡也罷，上述有些「令人疲憊的事物」是西方文化衍生出來的當代問題，不過有些演化的人類特質是我們與生俱來的。這些特質幫古代人不少忙，現在卻像老爺車似的在人生這條道路上幫了倒忙。

自動導航模式

　　人腦的一大特色就是能把許多動作串連起來，再全部塞進一個活動裡。你不必思考先拿起牙刷，打開蓋子，擠牙膏，露出牙齒，拿起牙刷上下刷，再往上刷，再往下刷，然後吐掉。每個分解動作都佔據了你人生的一大段時間。

　　多虧人類基因突變，我們有了「定速控制」的功能，可以不必刻意思考也能做事。這就是開啟自動導航模式的好處，能把上述那些分解動作串連成一件事。只不過，這項天賦有個缺點。就是人類是習慣性的動物，一旦習慣後便會一直處於自動換檔狀態，對周遭的一切視而不見。一不留神，我們的一生就會變成全湊在一起的一連串事件，而錯過沿途的風光。假日、婚禮、聖誕節、第一次約會那天（但這件事對我來說並不是多美好的經驗，忘了就算了），一切都是在自動導航模式下執行的，做完這些才能接著進行下一份任務。但大多時候，我們得看到影片才能想起發生過哪些事。

　　我不知道我的人生有多少時候是在自動導航模式下度過的，有多少日子是在職業路上往前擠，而且邊擠邊擔心每次得到自己想要的以後，就會被人搶走，於是乎就會更賣力地往前擠。我已經不記得平常我有哪些時候不是在推擠中度過。偶爾我會碰到有人告訴我他跟我約會過，我卻一點印象

也沒有。我的心到哪兒去了？搞不好他們在我的飲料裡摻了藥。

當自動導航模式開啟時，你自己是不會知道的，因為自動導航的重點就是：不要思考，做就是了。

自動導航何時有用

· 搭長途火車橫度塞比瑞亞，車上擠得水洩不通，還有人坐在你頭上時。

· 不得不陪媽媽逛街時。

· 孩子沒上台，你又非得觀賞學校戲劇表演時。

· 拔雞毛時（我沒拔過雞毛，但聽人說過）。

· 參加格拉斯登伯里音樂節（Glastonbury Festival），卻想上廁所時。

· 在日本有人請吃晚餐，主人正在上的那道菜是河豚（不是海鸚，不要搞錯了），沒料理好是會要人命的。

自動導航何時沒用

· 在米其林五星餐廳用餐時。

· 和孩子一起度假時。

· 走鋼索時。

一心多用

　　如果人體真有能應付二十一世紀要求的配備，那麼我們就會有四百七十六隻手，七十五隻耳朵，四百五十一張嘴和十六個鼻孔。一心多用這個高超的能力，是動物沒有人類才有的技能。也沒有動物一出生就有轉這麼多盤子的能力。你看過哪隻瞪羚戴著耳機聽音樂，在推特發文，還邊抽大麻？應該沒有吧！我們很得意自己有一心多用的能力，誇耀自己能在一秒內塞進多少件事，但這麼做不僅讓我們無法活在當下，也讓我們精疲力竭。

我們知道電腦過載時要先關機，過一會兒再開機。但為什麼無法對自己如法炮製時，也不覺得自己一事無成呢？我不是在建議我們都要「放輕鬆」。天哪！我超討厭這幾個字，也很討厭說這幾個字的人。只是在狂寫電子郵件之後，如果我們知道要讓手指頭補個眠，這樣才能專心吃剛才訂購的起司漢堡，人生將會像是搭配起司漢堡吃的一碗洋芋片，很棒。

瞻前顧後

我之前說過，現在只是想再提醒一次：壓力和高度警戒，對古代人是有幫助的。因為他們必須快速判斷哪些事情安全、哪些事情危險。比如樹叢裡發出沙沙聲，是長著大牙的野獸在尋覓午餐，還是哪個朋友在惡作劇？如果是後者，那一點也不好笑。古代人必須回想以前發生過的事，才能預測未來的結果。這種鑑古知今的能力，讓人類能在地球上多活一天。但不少有能力回顧哪些事危險、哪些不危險的動物，卻不會像人類這樣整天提心吊膽。比如老鼠知道大象可能會踩死自己，所以在見到大象時便會先跑走。不過知道歸知道，老鼠並不擔心大象可能會踩死自己這件事，也不會整夜睡不著。老鼠只會在遇到大象時四處逃竄。只是連老鼠都想通的事，我們卻想不通。

事實是我們的記憶對於往事當下的來龍去脈，常給予並不可靠的訊息，而且每次回想起那件事，畫面就會變得越來越模糊。因此，每次回過頭翻閱記憶檔案，就等於是在根據一些不可信的證據做事。這意味著瞻前顧後佔據了我們寶貴的記憶空間和精力，有害卻無益。

瞻前顧後何時有益

· 喔！我記得上個月就是這個男的想搶劫我，也許我應該先過馬路避開他。

· 喔！我上次就是掉進人行道的這個洞，摔得頭骨都裂了，也許我應該繞路走。

瞻前顧後何時無益

· 我九歲時吃過一隻蝸牛，超難吃的。所以現在我看到任何長得像蝸牛的東西，一定要殺之而後快，即使那只是一頂看起來像蝸牛的帽子。

- 我曾報案說：我被一個假髮很醜的男生性騷擾。現在每次我看到假髮很難看的人，都會尖叫：「強姦犯！」然後跑掉。

瞻前顧後會引發永無止盡的焦慮，因為我們會一直被困在記得太多假想災難的陷阱裡。然而，這些災難不再關係到存活，只會使人更鑽牛角尖；一個自我中心的負面想法又衍生出另一個想法，像滾雪球一般，越滾越多。「為什麼我這次考試不及格？」「為什麼我沒有得到這份工作／男朋友／女朋友？可能因為我是個廢材。要是我能更聰明／個性更好／長得更好看一點就好了……我看我這輩子就別想有什麼成就了，因為我太笨／太醜／太胖……（請隨意刪減）。我天生就這樣嗎？我可以去整型嗎？」……（這些問題永遠沒有問完的時候）。

你永遠不會知道自己為什麼會有這種感覺，而且用想的絕對抵達不了自己最深層的想法。因為負面想法連綿不絕，絕望的漩渦也就越轉越深。以這種方式來過日子無異於用服毒來解毒。這種以毒攻毒的理論，或許適用於順勢療法，卻不適用於壓力。即使絞盡腦汁想解釋自己的感覺，無論想出什麼原因，通常都是錯的。因為人的感覺多達五萬多種，但用來描述感覺的字彙卻只有幾千個，好比你只認識「開胃菜」這個西班牙文，就想用西班牙文說話。

人類的大腦（尤其是愛因斯坦的）能想出 $e = mc^2$ 這個等式（人類就是這麼聰明），卻苦思不解「為什麼跟我在一起過的人都不再打電話給我？」。這問題可能連愛因斯坦也回答不了。

自動導航、一心多用、瞻前顧後，全都是用來確保我們能活下去的技巧，卻也可能是我們不快樂的根本原因。不過不用擔心，我會在下一章探討正念，並且討論如何將這三種技巧轉為對我們有利，而非有害。

寂寞

如果說地球上有七十億人口，那為什麼我還是覺得這麼寂寞？我忙著用手指頭和大家保持聯絡，卻忘了自己真正該做的事──找個地方跟大家碰個面聊聊。有時我會突然驚醒，想到自己已經十二年沒有用嘴巴說過話，也沒在現實生活中見真正的朋友一面。剎那間，我慌了！擔心大家會因為我沒跟任何人說話而忘了我，硬是傳了一則不知如何表達內心不安，語焉不詳的簡訊給他們。通常我只會用電腦在網路上買東西，我知道怎麼上網訂購高級丹麥鵝絨被（超有才的吧！），可是要怎麼說「我想你」，卻不加表情符號、不打個愚蠢的笑臉圓圈和一

顆會動的心，還真是難倒我了。我現在太習慣使用這些東西，就連寫電子郵件給銀行經理和水電工，也會加個愛心和親嘴符號。

這就是問題所在。儘管大家互有聯繫，卻依舊感到寂寞。越覺得沒必要彼此交流情感，就越會喪失這種能力。你可以一輩子都在上網，但上網給你的感覺，永遠比不上有人站在你面前對你微笑。或許我們已經失去了這種與人相處的親密感吧！因為傳送笑臉符號並無法訴盡一切。

我們現在是靠電話讓自己感覺還有跟人聯繫。你會看見東西南北，各有戴著耳機、大笑、尖叫、哭泣，雙手大幅度地揮動著，彷彿被釘在某種長方形塑膠片上，也許是在跟網妻或網夫講話，抱怨他們在網路上的家發生了什麼事的人。

我最近去了一趟愛爾蘭，到一個叫做西港（Westport）的小鎮。那裡每個人都表現得好像你是他們失散多年的親戚，興高采烈地歡迎你，就算不是早上，也會用愛爾蘭腔跟你道早安。他們會邀你吸食快克，我則是一直到離開前才吸，而且我懷疑他們有毒癮。因為我才剛想這小鎮也太鄉下了吧！有點瞧不起這地方，他們就帶我上酒吧：這就是大家都應該搬到愛爾蘭住的原因。

酒吧裡鋪著木地板，漆黑的一隅瀰漫著煙霧，有幾位小提琴手、三位長笛手、一位歌手和一位鼓手。他們正在演奏聽了會讓你的心淌血的那種愛爾蘭樂曲。雖然每首聽起來都一模一樣，但很好聽。跟他們一起演奏的，還有一名老酋長樂團的團員（那是很棒的愛爾蘭樂團），有人告訴我幾乎每晚都有這種音樂表演。酒吧裡不分老幼或全身都打上石膏的人，每個人都在跳舞，大家都開心得不得了。我心想，我們這些住在倫敦的人錯過了多少啊！在這裡，全鎮的人都聚在一起，像個大家庭似地共度這些夜晚。有人告訴我如果鎮上有人過世，大家都會湧進喪家打理煮飯、清潔等事務，還會放音樂、哭泣、喝酒。下輩子我一定要住在那裡！

99

追求快樂

人人都在追求快樂，但問題在於快樂是什麼？又該如何掌握快樂？每個人的定義都不同吧！

除了快樂，人類其他的情緒都一樣，因為人出生時都帶著相同的配備。就算你是某個與世隔絕的亞馬遜部落族人，手肘撞到很硬的東西時，反應也會是「唉喲！」。只不過講的是亞馬遜語。難過也是一種相當普遍的情緒：難過的原因會變，但

從淚管流出來的淚水和下巴顫抖的感覺，任誰都一樣。

快樂是人人都搶著要的香蕉，但我們卻不知道別人快樂的原因或方法。沒有幾本書是在討論撞到手肘時其實會有什麼感覺，但探討快樂的書卻有好幾十億本。

我們都知道在歷經生死關頭之後，心裡會有一種被羽毛搔過的感覺，嘴角也會上揚成一抹微笑。

以下情況或許能引發快樂的感覺。

· 你剛攀越喜馬拉雅山，餓了兩天肚子，突然看見一隻兔子。

· 尋尋覓覓五十年，終於找到親生母親……而且她很有錢。

· 醫生剛才告訴你診斷錯誤，你沒得到什麼末期病症。

· 你本來是盲人，現在你看得到了，而且住在巴貝多。

上述有些經驗帶給人的感覺並不全然是快樂，反而更像是「鬆了口氣」，但現在不是咬文嚼字的時候。如果經歷上述任何一件事，都會爽翻天！

　　遇到緊急狀況時，就比較難快樂起來。容我提醒各位：我知道全球約有百分之五的人有機會讀到這本書，也就是那些不愁吃穿的人。世界上的人，大多沒空思考何謂快樂。他們是死、是活，只能聽天由命。我向他們致歉，不是因為他們有可能讀到這本書，而是如果他們剛好撕下這本書的幾頁生火，又剛好讀到這一段……不好意思啊！

　　談論快樂的不乏知名人士，而且他們都不是傻子。

賽尼加：「人能擁有的只有思想，其餘的都是禮物。」

伊比鳩魯說：「快樂要素有三：友情、自由（這不是隨便誰都能擁有的），以及檢視自己的生活。以上要素越缺乏，就越想要有權有錢，而不快樂必定油然而生。」

亞里斯多德寫道：「快樂乃是至上目標。」

尼采寫道：「苦樂相隨。吃盡苦中苦，方有樂中樂。」

蘇斯博士：「別因結束而哭泣，要為曾發生而微笑。」

馮內果：「我勸你把心思放在自己開心大喊、甚至低語或心想：『如果這樣還不算好，那我不知道什麼才叫做好』的那些時候。」

林肯：「多數人的幸福程度，取決於自己的決心。」

佛陀：「人生是苦。」（這傢伙我喜歡）

佚名：「倘若你以為陽光能帶給你快樂，那是因為你未曾在雨中跳舞。」（這位仁兄肯定沒得過憂鬱症）

達賴喇嘛十四世：「快樂並非唾手可得，而是來自於行動。」

基本上，這些人的想法都跟我一樣……

好吧，以下是我對快樂的見解：

任誰（好啦！我是說我自己）被選上女子排球隊（我不是排球隊員，但我可以想像要是我被選上會多興奮……顯然

我還懷恨在心），或是愛上別人⋯⋯而且對方也愛你（我年輕時這種情況並不常發生，所以我開始跟蹤別人），都會樂翻天。

難就難在，無論球打多高，總有掉下來的時候，沒有人的高昂情緒可以持續到永遠。即使你戀愛的心情可以一直持續到結婚，總有一天你會看著對方，心想：「我當時在想什麼？」總有一天，你們會坐在那裡，厭惡對方吃東西的樣子。一切都結束了。無論你多有才華、多美麗、多聰明，總會有另一個新人在某個時間點取代你，就像舊烤麵包機被新機汰換掉。問題就出在這裡：我們窮盡一生追求的事物，其保存期限卻非常短，有時只持續幾秒。但倘若高潮可以永遠持續下去，那就什麼事也別想做了。

滿足感

要是我們連快樂都不知該如何精確描述，就更遑論滿足感了。雖然滿足感聽起來像是已經退休的人穿著成人紙尿褲，臉上露出和藹的笑容，卻又不是這樣。因為滿足感是必須*學習*的。像是我對於滿足感的形容是，指我知道在幫別人做事之後不求回報，血管裡會有一種糖漿似的溫暖感覺。不過這僅限於私底下的利他行為，而不是爬到樹上大喊自己做

了什麼好事。如果我宣布說：「嘿，大家聽好了，我幫忙拯救了一隻海鸚」，這樣的感覺就比不上默默地拯救海鸚。嗯，我可能有些語無倫次了。我認為我的人生目標，是試著達到一種不會太高、也不會太低的狀態，只要能穩穩地站在衝浪板上就好。我在一件 T 恤上看過一句話：「你無法阻止浪濤，但可以學著衝浪。」這句話讓我聯想起每天都要練習正念的主要原因，為了要穩穩地站在衝浪板上。

人類的未來

以演化的進展來看，就算沒多長幾根大拇指，人類也能生存下去，跑得更快（這要感謝汽車工業）。因為未來人類全體進步的方式，將是在心理層面跟得上科技的腳步。請相信我：我不是在發牢騷說科技過於蓬勃發展了。因為如果有一天買得到虛擬巴西人，我會是最興奮的那個人。只是隨著科技的進步，我們必須學著認清自己何時在空轉，並且學習靠邊停下來休息、加油。

我認為如果可以將無線電傳呼機植入大腦，告訴我們何時該停車休息片刻的話，這會是很有用的利器。不僅不會讓我們比賽落敗，而且等我們休息過後，再次加入賽局時，恢復力可以更強、速度更快，也更有能力擊敗競爭對手。另一

方面，如你所想的，你也可以用正念幫助自己贏得這場比賽，而且一路平安地完成賽事。

我很喜歡聽到有人說：「我搞砸了，我不知道自己在做什麼，我很害怕，我輸了。」覺得身而為人，就是要站起來承認自己的弱點。

我們應該欣賞那些能躺在床上，什麼也不擔心的人，而且還要說：「哇，這傢伙有空休息耶，頒個爵士頭銜給他吧！」說真的，當我們遇到看似完美無缺的人時，心裡難免會巴不得他或她快點掛掉。可是如果遇到有缺點的人，我們則會馬上被吸引過去，也會因為我們擁有相似的內在而感到安心。可是膽小的我們深怕被同伴們驅逐，所以三緘其口，隱藏自己的不完美，未曾直言有哪些做不到，而羞愧得無地自容的事。這種隱而不宣、不肯坦承以對的行徑，讓我們感覺孤單、孤立。

結論

當人類再次進化時，將不再只是一時的物競天擇，而是我們*自己的*選擇。我們將會有意識地發展自己的情緒覺察力，而不是發明某樣可能會令人讚嘆不已，卻無法讓人過得

更輕鬆、更快樂的科技「產品」。因為我們已經夠聰明了，現在我們需要的是更多的感情。

我注意到功成名就的人會開始相信自己是天下無敵的。是因為他們忙於展現自己的聰明才智，卻忘了自己不過是一塊會過期的肉；他們未曾意識到自己難免一死；他們不記得自己是會分解的生物，必須小心照料，否則一不小心就嗚呼哀哉了。

從演化的角度來看，人類若不培養更人性化的特質，那麼將難以逃脫進化成生化人的命運。矽晶片將取代我們的細胞，鋼鉗取代手指。不過會有好幾百根，如此一來，才能同時做好幾件事。屆時我們將完美無缺，成為一具閃亮的銀色軀殼，而原本的心臟位置則印著「蘋果」字樣。

Chapter 2

正念是什麼？誰需要正念？原因何在？

Mindfulness: Who? What? Why?

首先，哪些事不是正念

別窮忙了，歇會兒吧！

在進入正題之前，我想先給各位看一張我自己整理的非正念事項清單：

一、學習親切待人。

二、洗碗前先跟碗盤打聲招呼，或學習在用肥皂之前先愛肥皂。

三、脫光衣服，在雨中淋雨，痴痴傻笑。

四、用慢動作做事，導致排後面的人全擠成一團。

五、穿內衣坐著，腦袋放空。

六、看見上帝和／或聖誕老公公。

七、一張通往涅槃或火人祭的單程票。

八、脫胎換骨，融入一切，而且變得更瘦。

何謂正念

　　正念是一種鍛鍊專注力的方法，尤其是將專注力帶到某件事時，批判性思維便會沉寂下來。雖然我們從小就被告知要專心，但是卻沒有人告訴我們應該怎麼做，才會提高專注力。接下來，先試著讓自己將焦點放在某件事物上，再停留於此。或許你可以先專注個幾秒，但過沒多久專注力就會像被燙到的蝴蝶般驚狂地飛到另一件事物上，無法持續專注力。原因之一，也許是你自己壓根兒沒有察覺到，在一開始便將焦點放在另一件事上，所以專注的目標才會轉移。其實專注力的鍛鍊跟專注於某項*外在*事物無關，而是要能聚焦於*內心*，退一步觀照自己的思緒，不像平常那樣品頭論足才能達到。如同正念不是人與生俱來的能力，而是必須加以磨練的技巧。所以，我對正念的定義是：注意自己的思緒和感覺，同時不要抨擊自己。

　　我認為人與心的關係，就像騎士與馬兒。有時馬兒想自由奔馳或吃草，就會掙脫你手上的韁繩，甚至於扯斷你的手臂。套用在正念上，你會認為如果用力拉韁繩，馬兒可能會抗拒得更厲害，所以就輕輕地拉，再用舌頭發出那種牛仔的聲音，說：「乖馬兒，停下來。」如此一來，馬兒便會逐漸慢下來聽你的指令，你也能輕聲地對馬兒說：「謝謝你。」反之，如果馬兒想跟著你跑，你卻拚命想把牠往後拉，牠就

會把你摔下來，然後溜走。所以慈悲地對待自己，不去聽自己苛刻的念頭，這些念頭也會安靜下來。

當你處於觀察者模式，只觀看自己的思緒，並且開始意識到你跟自己的思緒是兩回事，你的思緒就會失去力量，不再讓你痛苦。如果你就是你的思緒，又怎麼能觀察它們呢？

只是在一旁觀看，就是周遊在話語、思緒、概念和評判之間。忍住想到什麼就做什麼的衝動，最後你會注意到自己的思緒遷流不止，隨意來去。有些念頭沉重，有些輕鬆；有些可愛，有些色情。你需要做的，只是舒服地坐著，踢掉鞋子，觀看那個叫做*你*的電視節目，卻不被拉進故事裡。

正念能強化你的內在觀察者，讓你意識到自己的思維過程，彷彿你正坐在自己的念頭上方觀看。這有點類似在夢裡看見自己，知道自己正在作夢。

聽來簡單，實則不然；因為你的心會拚命地想把你往後拉，在你二十、三十、九十歲，無論年紀多大時都能隨時逮住你，不輕易善罷干休。

就像是把你的心想成是一間實驗室，而你正在調查桌上

那些東西是什麼，不先入為主，也不妄加評判。科學家用顯微鏡觀察蒼蠅的眼球時，會預設立場嗎？不會的。

【接納】

使用正念就是在學著接納事物的原貌，不試圖改變。這是通往「笑看人生」啟蒙學派的門戶。每個人都希望順心如意，卻經常事與願違。既然如此，那麼該怎麼做？大吵大鬧嗎？要看開著實不易，但若希望夜裡睡得著，就非得看開不可。從旁觀察時，你會看見好事、壞事、醜事，但別追蹤和報導你喜歡或不喜歡自己所見，因為一旦開始這麼做，你不但會失去場外的座位，還會捲入一場唇槍舌劍中。

以下比喻，可以幫助你瞭解自己的思緒。想像你的心是一瓶清澈的水，沙子沈澱在瓶底。當你心裡面的想法或感覺開始動搖，就好比是你在搖晃瓶子，沙子會散開，水會開始變混濁。反之，當你的心平靜下來時，彷彿是你握著瓶子不動，沙子就會慢慢沉澱下來。一如當你觀看自己的想法，而且不受牽動，你的心也會慢慢平靜下來。我之前說過，情緒問題用*想*的是無法解決的。努力想找出自己為何會有這種感覺，只會讓情況惡化，好比陷入流沙的狀況：越用力掙脫，反而陷得越深。你必須接受自己無法停止思緒的事實，並且

相信自己可以阻止接下來發生的事。

　　若想逃離影子，影子只會追著我們跑；若跑向影子，影子反而會跑走（我確定有人說過這句話）。

　　如果你試著研究正念，卻發現到每天都要探索自己的內心是一件太折騰或太無聊的事，我完全可以理解這種感受。尤其是當你的心亂得跟豬窩一樣時。但問題是就算不知道自己腦子裡有哪些帶毒的想法，它們還是在那裡。你可以跑，可以躲，可以希望這些想法消失，但它們依舊在那裡。你可能以為自己過得挺不錯的，有完美的妻子／兒女／牙齒，但如果不看一看自己大腦地下室的暗處，總有一天岩漿會噴得到處都是。倘若擱著不處理，就會持續把這團混亂甩在大家身上，還怪他們害你日子過得一團糟。

　　我有一句念誦了一輩子的經文是：「是誰害的？」如果我不喜歡自己的某項特質，就會找個好欺負的人，把垃圾倒在他身上，讓他吃足苦頭，再把他當成死掉的老螺子似地鞭打。我超會責怪別人害我生氣，而不是把顯微鏡轉向自己，看清楚誰才是真正的罪魁禍首。我怎麼對待自己，就怎麼對待身邊的每個人。我認為一定也有人跟我一樣。我們不只把內心的想法投射在家人、朋友身上，也投射在整個地球上。我覺得每個人都想找我麻煩，因為我可能也在找他們麻煩。

其實我們都沒有發現到自己才是真正的敵人，其他人都只是來湊熱鬧的而已。

吃藥無法讓你學會正念（我很愛吃藥，真希望你只要吃了某種藥就會正念）。只要一感覺自己的心在宣戰，就跑去纏著某位靈氣大師／會講狗話的人／酒鬼，也無法讓你學會正念。除了你自己，沒人幫得了你；幫得了你的，也只有你自己。正念乏味至極之處，在於它跟其他任何技巧一樣，一定要練習才能破除舊習。這是能讓你解除定速控制，開始欣賞風景、嗅聞玫瑰花香、品嚐巧克力滋味、聽女狼人咆哮的不二法門。

只是要有超強的意志力，才能讓自己坐下來練習。老實說，我也不喜歡每天硬逼自己洗澡，所以有時我乾脆就不洗了，但不要告訴別人。就算我在刷牙，也刷得心不甘情不願。假如你跟我一樣，不妨學學我的作法：我原先找遍了人類所知的各種藉口，告訴自己不要練習，例如房子著火了，那隻不見的襪子非現在找到不可……尤其是，如果房子真的燒起來的時候。後來，我把規定自己每天坐下來練習視為一項成就，也就漸漸上手了。

我每天早上硬撐著坐在椅子上練習正念。聽腦子裡那混亂不堪的胡言亂語，真是一大折磨，感覺就像有人打開了一台超大型鼓風機，把我原本就已經亂七八糟的思緒吹得更加凌亂不堪。我通常得先痛罵自己一頓，才起得了床做正經事，也才不會像個門檔似的坐在那裡。每天早上一開始，都有一大堆怎麼做也做不完、卻又非做不可的事，而且不只是某一天，而是這輩子都是如此。下面這首歌不怎麼好聽，不過歌詞是這樣的……

黏好破掉的肥皂盒，把火雞解凍，想想伊波拉病毒，找到電話，寫電子郵件告訴大家某件事，重塗已經斑駁的指甲油，寫這本書，檢查貓身上的腫塊……如果真有什麼需要思考的大事，比方說得動心臟手術，我倒是能理解自己為何胡思亂想，但想到要重塗指甲油這件事，實在是不可饒恕。有些是我一定要做的事……但有些事是不可能辦到的，例如打電話給北韓那個叫做金永什麼的傢伙，要他冷靜一點。我大半輩子都耗在處理這些事上。無論在做什麼，是在舞台上，還是在運動，這些事都會不斷浮現……源源不絕：媽媽為什麼不讓我買一棵真的聖誕樹？買一棵假樹不就得了。我胸罩裡面那些泡棉襯墊呢？被我放哪兒去了？我永遠不會原諒戴格瑪・史都華（Dagmar Stuart）在我八歲時偷了我芭比娃娃的短裙。我要德式香腸加芥末。上次滑雪是什麼時候的

事了？我是夢到的，還是我搭的那班飛機降落在鮮奶油上時，是真的在巴伐利亞或是羅德戴爾堡墜機了？該買洗髮精了，我好討厭自己的腳，現在加入皇家芭蕾舞團會不會太晚了，我是孤兒嗎？

只是，為什麼我要待在椅子上聽這些恐怖的內容？

在二十分鐘的時間裡，有時我只會注意到一次吸氣或幾次吐氣，之後才會注意到平常腦子裡的聲音開始轟隆作響：起來！你這個白癡，趕快訂購浴室踏墊。但每次我順利把注意力從這些令人分心的事物中拉回，再次專注於呼吸時，卻感覺好像自己正緊抓著一根旗桿，不讓狂風暴雨把我吹走似的。有時，我真的可以舒服地坐著，觀看腦子裡的暴風雨，彷彿正在看電視節目。雖然節目很糟，台詞很差，角色很爛，因為通常只有我。但我確實保持了一些距離，覺得自己好像是在觀看一個恐怖的情況，而不是置身其中，所以感覺就不那麼痛苦了。正因如此，我才能每天從椅子起來，知道每次我的注意力從焦慮的思緒轉移到呼吸，那塊把我從這場爭辯中拉回來的肌肉就會變得更強壯。正念是我唯一知道做了之後，能讓自己脫離絕望情緒，甚至大腦也能休息片刻的方式。

【訓練大腦】

如果你正在想：「我就是做不到」，一如「老狗學不了新把戲」這句老話所說的（而你就是這條老狗），請回答下列問題：你是一離開子宮就知道怎麼灌籃嗎？你不用學就會講史瓦西里語、會烤肉、會跳鋼管舞嗎？

不，你不會。除了吃喝拉撒和呼吸之外，你所做的每件事，都必須死記硬背地學。腦子裡的東西是需要鍛鍊的，就跟肌肉一樣。那為什麼一提到心智鍛鍊（mental exercise），大家就避之唯恐不及呢？

應該不會有人喜歡到健身房做仰臥起坐做個不停。但如果說有什麼浪費生命的事，這就是了。你想要身體健康嗎？那就去散步吧！三十年前我剛來英國時，英國人連牙都不刷，現在他們週一到週五每天都到健身房又跑又跳呢！

我現在很少上健身房了，因為如果看見別人做五十下仰臥起坐，我就要做一百下，還要在頭上戴一頂五公斤重的帽子。我知道我有羅威納犬的基因，只要有別人在，這個基因就會發作。就算對方是運動高手，我也想撐著竿子跳更高。我甚至不能看奧林匹克比賽，因為我會想把咖啡桌當成欄架跨欄，害自己摔死。

原本我可能會很討厭我自己這種個性，但修習正念之後，我領悟到這是我這個人的一部分，於是我漸漸不再自虐。現在上體能課時，我會閉著眼睛，只專注於自己的身體。

【慈悲心】

　　對我來說，修習正念最難之處，在於要努力對自己慈悲。但這也是正念的基石。

　　我甚至不喜歡討論「慈悲」這兩個字，因為當想法偏向負面時，慈悲會是你最不想對自己做的事。你會氣自己為什麼要難過或焦慮。世上明明還有人在戰區為求生存而奮戰，你卻要什麼有什麼，還可以在大清早四點訂購瑞典肉丸外帶。你會覺得自己最不配得到的就是仁慈。而且每次聽到有人對自己仁慈，我都會想到有人在浴室點香氛蠟燭，再用喜馬拉雅山小犛牛奶泡澡的畫面。

　　我在牛津研讀正念時，曾請教我的老師馬克・威廉斯教授，為什麼我會那麼討厭對自己仁慈。他說只要坐下來修習正念，就算只有一分鐘，也是對自己仁慈。只要能對自己仁慈，就有了健全的心態，也能將這份仁慈傳遞給他人。他說，只要暫停那沒完沒了的編列清單和自我霸凌，就是一種慈悲。

我知道我說的話聽起來很空泛，但我真的很努力想與自己的悲觀和解。即使是年幼的我，也未曾有過可愛溫暖的想法，反倒是無法原諒自己或別人的念頭居多。我知道我是對自己最殘忍的人，總是在朝自己扔手榴彈。越想停止那些念頭，反而越揮之不去。為了解除這種情況，我唯一能做的，就是修習正念。如今我已修習正念多年。在修習正念時，我感覺自己正在做心的仰臥起坐，在呼吸與思緒之間來回，這樣比較容易讓自己變成旁觀者。有時在二十分鐘內，我只注意到一次吸氣或吐氣。就在我開始樂在其中時，我的心卻破壞了我的注意力，於是我又聽到平常腦子裡那些聲音：*你忘記訂購浴室踏墊了，你這個白癡。*

　　每個人都有一位旁觀者。當你突然意識到自己的思緒或行為時，這個旁觀者就出現了。「喔！你看，我正在咬指甲」或「我正在吃東西，沒有狼吞虎嚥」正念是我知道做了之後，唯一能脫離絕望情緒的方式，甚至還能暫時脫離自己幾秒鐘。

如何修習正念

　　稍安勿躁。我會在第五章介紹我設計的六週訓練課程，把修習正念的方法灌輸到你那未開發的腦子裡。你將學習到

如何知道自己的心已開始散亂，然後把心帶回平靜澄淨的狀態，以便做出更好的決定。另外還有個附帶的好處是，你能到「現在」一遊。對我來說，能讓自己的思緒平靜下來，不再紛亂，是我能為自己做、也是最值得做的一件事。我相信對你來說也是如此。

學習正念跟學習任何需要練習的技巧一樣，不可能只要祈求好運就能做到。練習正念這件事本身並不困難，過程通常也很愉快，但困難之處在於若想受益於正念，一定要天天做，即使只做幾分鐘也好。在你翻白眼之前，請容我提個醒：在生活中學到的一切，都是透過反覆練習而習得的，包括讀這幾個字的能力。所以，為了可以在日常生活中有需要時使用正念，你必須先鍛鍊某塊肌肉，才能強化自己專注的能力。

一開始要先注意自己內心的狀態。平常你會查看外面的天氣，而現在你是在查看心裡的天氣。如果心裡的天氣晴朗、微風徐徐，那就繼續做你正在做的事，並祝你有個愉快的一天；如果你注意到批評想法的陣陣強風，或壓力的暴雨正在逼近，就刻意把焦點轉移到某種感官——視、味、嗅、聽、觸等五感知覺。

最重要的是，只要專注於某種感官知覺，紛亂的心就會

自動轉變成背景聲，因為人腦無法同時思考又專注於感官。只能擇一為之。專注於感官知覺，能讓你在思緒襲來時保持理性。只要勤加練習，定能鍛鍊出當妄念紛至沓來時刻意轉念的能力。

我認為心存正念是刻意為之的結果。只要努力、刻意切換自己的焦點，就能立刻活於當下。你不可能聽見明天或昨天的聲音，一切都發生在現在。活在「此時此刻」，就只會有所感覺，而不會有評判的念頭。這種專注於一種感官的能力，對你以及對你修習正念來說，就跟心錨一樣。

注意力

就算我再怎麼不想做（相信我，這很常發生），也還是能撐著持續修習正念的原因是，我明白正念對大腦以及健康的影響。你能看見做仰臥起坐的效果：胸部下方會出現某些紋路，所以你會繼續做下去。修習正念時，每次練習都是在大腦建立一個與注意的能力相對應的區域。你的思考腦將哀求、尖叫、引誘你，想把你從它不想要你待的地方拖走。但如果你能專心一致，無論是生理、心理或神經系統，皆能蒙受其利。*轟！*我打賭你從未將這些好處與注意聯想在一起。若想快樂，就要學習如何注意。

丹尼爾·席格（Daniel Seigal）博士對注意力的講解最為精闢。他結合了大腦科學與精神治療，讓我們知道如何調伏心性，為自己創造更快樂、更健康的生活。

他說，集中注意力，能讓人看清楚自己內在思維的運作，察覺自己的心理歷程，而不沉溺其中。也能調整自己的想法、感覺而非受其牽動。集中注意力，則能讓人解除自動導航模式，脫離可能困住自己的反應式情緒迴路。培養將注意力集中於自己內在世界的能力，有如拿起手術刀重塑自己的神經迴路。所以，集中注意的方式決定了大腦的結構。

> 我真的很喜歡席格這個人。有一次我在洛杉磯，有機會跟他說上話，於是兩人相約在一間素食餐廳碰面。我提早到，只是過於緊張，所以試坐了好幾套桌椅，想選個最適合跟他見面時坐的位置。我試著冷靜下來，卻偏偏在看見他走進餐廳，起身想迎接他時，撞倒水杯。把他寫的書全弄濕了，字跡也模糊了。不過我還是把這本書遞給他，請他簽名，假裝什麼事也沒發生過。

修習正念的重點，在於注意的技巧。我知道聽起來很容易，但相信我，這可不是自然而然就知道該怎麼做的事。人的注意力平均只能維持一點二秒左右，接著大腦就會下指令，於是目光就會飄到別的東西上。因為人的心思本來就不

會在一件事上停留太久，而是種種念頭遷流不息：不時察看周遭環境是否潛伏著危險，是人體每個細胞的任務宣言，否則早在好幾百萬年前，人類就被叉在烤肉串上吃掉了，哪還能活到現在？還好我們的大腦並不知道穴居人時代已經結束了，所以非常感謝老天爺，至今我們還仍保持警戒，以防掠食動物攻擊。

多少次我盯著夕陽，卻視而不見？所以，我會希望自己在看見美國白頭鷹，或看見孩子在演學校話劇時，能把心從世俗的聲音中帶走，專注於那一刻地球上唯一值得觀看的事物。連我家那隻叫做襪子的貓都能集中注意力，一連數天盯著一卷毛線看。而我每天坐在那裡修習正念，只是為了做到我家的貓天生就做得到的事。

能隨意切換注意力，是我給「如何過得更好、更快樂、更健康」這個問題的答案，因為這表示有能力控制這一大堆壯觀、複雜的一兆個細胞，而不是被折磨得精疲力竭。

我認識一個人，我相信他的成就正如日中天：名列財富五百大，登上至少五十個名人榜。後來他心臟病發。他的妻子前往醫院探望，卻意外發現有個女的正在用海綿幫他擦澡……原來他一直都有外遇，還生養了三名子女。這種人以為自己高高在上，連法律也無法奈他何，我們這些可憐人哪

比得上。他們日子過得肆意妄為，渾然不覺自己的所作所為有何不妥。通常這種人會敗在自己的傲慢上。如果這位老兄學過該注意什麼，就會意識到、也會知道他這兩個妻子總有一天會碰面，還會告得他傾家蕩產。

注意力就像肌肉，用則進、廢則退。因此若想維持全神貫注的狀態，就必須練習、練習、再練習。經過充分鍛鍊的注意力肌，能在生活中新的刺激接踵而至、情緒紛亂時，讓我們能注意對的事，做出正確的決定。

二〇〇六年出現了「怒惑」（pizzled）一詞，從「憤怒」（pissed）、「困惑」（puzzled）中各取一字，用來描述跟人聊天聊到一半，看到對方突然刷一聲拿出手機講電話時的感覺。當時這種行為令人不悅，現在則是見怪不怪。這些暢行無阻的數位訊息需要的是我們的注意力，但諷刺的是，我們反而因此變得難以集中注意力。

倘若心裡全是那些無止無盡、反覆播放的聲音，便可能引發焦慮症、強迫症、憂鬱症或無助感等病症。讓注意力抽離某樣事物、再轉移到另一項事物的技巧，能助人找到通往幸福的道路。

通常我們根本什麼也沒在注意，只是在放空。心不在焉

本身絕非壞事，真正的問題，在於你的心是想遠離什麼才飄走的？你再怎麼鑽牛角尖，也無濟於事，因為你正在咀嚼的是，再怎麼咬也吞不下去的東西。不過，如果你的心是飄往光亮的洞察力所在之處，那麼這就是一份禮物。

有了一顆更澄淨、更平靜的心，想法就會更有創意，工作也會更有效率。如果想法引發恐懼或焦慮，心就會堵塞，導致你看到什麼安全就抓住什麼，還會開啟自動導航模式度日，並困在自己狹隘的世界觀裡。

我忘了在哪裡讀過（我沒辦法什麼事都記得）：一再浮現的想法會化為行動，一再採取的行動會變成習慣，一再出現的習慣會塑造特定的個性，而個性決定命運。

把心空出來，才能接觸到自己的許多面向。每個人都有許多自己不知道的面向，所以人生才能如此豐富，也難以預料。我們永遠不知道自己個性中的哪一面會佔上風。有些時候，我會變得很害羞，動不動就臉紅；有些時候，我會霸凌別人，有時又變成結結巴巴的青少年。修習正念之後，將更能意識到自己當下正在扮演哪個角色，然後再決定是否要繼續扮演下去，或再考慮看看是否換個方式。到頭來我們是一位雕塑家，也是一件被雕塑的作品；作品的主題是大腦，也是自己的身份。

演員是最懂得如何善用這一點的人。他們隨時都在想自己所扮演的角色有哪些想法和感情，就算緊張得不得了，也會克服緊張情緒，融入角色。我認識一個跟人交談時會嚴重口吃的演員，但他一上台就化身為亨利五世：說話不結巴，而且統治全英國。

我們是誰

只要注意到某件事，我們體內的化學物質就會全數湧出、啟動，同時神經元也會連結上新的舞伴，跳起一場永無終曲的神經元舞蹈（第三章將討論這一點）。注意力每千分之一秒切換一次，而在那千分之一秒的時間裡，大腦也會整個改頭換面、煥然一新。如同我們從一個狀態轉換到另一個狀態，我們的心也不斷地在變換形狀。

所幸我們自出生以來，就有自傳記憶這個配備：記錄經歷的檔案，也能隨身攜帶著。因此，很快就能想到昨天的狀態以及其他重要資訊，例如最喜歡的顏色、飼養的第一隻貓咪名字等等。如果沒有自傳記憶，就會像《記憶拼圖》（*Memento*）電影裡那位仁兄，得看手臂上的刺青才知道自己是男是女，還有昨晚跟誰在一起了。自傳記憶是我們截至目前為止的人生故事。雖然記憶並非準確無誤，細節常錯亂，

卻依然是我們唯一擁有的人生故事。

　　在大腦浮現任何想法之前，身體便已透過交感或副交感神經系統出現反應。只是大腦需要千分之幾秒的時間，才能詮釋這種情緒或感覺可能代表的所有意義。這種詮釋通常發生在感覺已被轉存為記憶檔案之後，因此你才能察看以前是否有過類似的感覺，無論那種感覺危不危險，或當時你做了什麼。詮釋結果未必正確，因為沒有兩種情況會一模一樣，再者記憶並不可靠，會扭曲事實。你是否曾當過某起意外的目擊證人？不但每位目擊者都好像來自不同的星球，連你自己對事發狀況的描述，也每次都稍有出入。偶爾在你的腦子裡會浮現某個想法，而引發這想法的是某種感覺，你卻怎麼想也想不出原因。你是否曾有過劇烈腹痛，痛到想吐，但當時你不過是正坐在車裡，準備倒車離開停車位？你左思右想，想釐清自己為什麼會在根本沒發生什麼事時，油然生起這股恐懼。最有可能的原因，就是你的記憶出了差錯，將目前的狀況跟之前發生過的事聯想在一起（記憶其實沒有時間概念）。你突然情緒激動起來，是因為在你的記憶裡，你記得六歲時有一次爸爸停好車後，不小心把你忘在車裡，自己度假去了，所以現在五十七歲的你在一個跟那件事無關的停車場，坐在車裡，害怕得牙齒打顫。我們以為自己知道內心的感覺，例如被背叛或內疚，但其實那可能只是消化不良或脹氣問題。儘管記憶檔案靠不住，大腦卻仍竭力想找出一種

解釋方式，就像玩釘驢子尾巴遊戲：你的眼睛被蒙住了，只能猜測大概的位置，再把尾巴釘上去。這種事女生最清楚不過了，因為她們這方面經驗豐富。有時女生會想在每個同事頭上*射一箭*，但那些同事可能未曾招惹過她，只是她自己每個月一次那討人厭的荷爾蒙又在作怪而已。如果有哪個藍調歌手正在唱憂鬱的歌，唱到她的男人偷了她的錢捲款潛逃，她媽媽是妓女，爸爸是人渣，可能只是因為她有胃食道逆流的毛病，才會如此。

你永遠不會知道自己內心真正的情況。就算接受活體解剖，也沒有人碰觸得到「你」的最深處……除非他們是直腸科醫師。

還有其他各式各樣的記憶，儲存在你大腦各處。因此，你才會記得如何使用某些技能，以及如何反應某些狀況。每次學習或經歷新的事物，神經元就會產生連結。這些連結反映了那次的經驗，並釋放出誘發特定感覺的化學物質。也就是這些感覺，讓你能記得這次經驗。這就是記憶儲存的方式。如果你聞到火雞的味道，心裡突然湧現一股暖流，同時隱隱作痛，就可以到標示著「火雞味道」的檔案櫃，播放影片，倒帶到某次感恩節奶奶彎著腰站在烤箱前的情景，重溫這整件事。只要一個簡單的味道，就能開始播放這個內心的小電影。一坐上腳踏車，你的動作記憶便會接手，通知身體各部

位該做哪些事，甚至不需要你刻意思考這件事。

　　所以說，注意力的聚光燈照向何方，就定義了那一秒的「我們」是誰。無論我們有何想像或體驗，都會成為神經元接線圖上的「生理實相」，也就是「我們」。無論是愛、恐懼、欲望或憎惡，每一種感覺都會表現在神經元接線上，也會表現在因這些連結而產生的化學物質上。如果你人在夏威夷，心還在辦公室加班，那麼辦公室就是你的心之所在。所以，你倒不如待在那裡。或者如果你人在電影院看一場追逐戲，你的大腦接線便會顯現出恐懼和戰慄模式，刺激大量腎上腺素分泌。大約過了一分鐘之後，你抓了一把爆米花塞進嘴裡，於是你的注意力重新聚焦，並傳送訊號給唾液腺，要它開始分泌唾液。於是在這一秒，你只能感受到爆米花的甜和酥脆。

　　上述內容證明：承認心有負面思考的傾向，就能學習刻意把心切換到更正向或更令人滿足的事物上，屆時你就會搬到了快樂村。只要這麼做就對啦！下次你覺得注意力只是個抽象概念時，就再想想這句話：你有多真實，注意力就有多真實。

得心應手

「得心應手」據說是人所能體驗到最棒的感覺之一。此時的自己活在此時此刻，工作狀態極佳，全神貫注、一心一意、聚精會神，其他令人分心的事物都逐漸消失在背景中。最棒的是，批評的聲浪也沉寂了下來。將五彩紙屑和宴會帽拿出來慶祝吧！

做事得心應手時，會感覺自己彷彿被包圍在專心致志的狀態裡（雖然這只會持續一小段時間，之後你就會開始想到「植物該澆水了」這件急事）。平時在「待辦」清單上那些囉哩叭唆的煩人聲音，將逐漸消失在虛空中會意識到活著，是為了感覺自己和電腦合而為一、朝共同目標而努力，並非為了感覺自己像個破麻布袋似的，在電腦螢幕前駝著背亂打字。

做事得心應手時，會感覺做起事來毫不費力、無拘無束、跟超人一樣。人之所以能持續專心，是因為每次把事情做得更好一些，而且無論是什麼事，大腦就會釋放少量多巴胺。就像是你先後翻兩周，再屈體前翻三周，然後雙腳腳趾完美弓起，從高台上往下跳進泳池裡時，心裡那種雀躍的感覺。帶給人刺激感的，並不是真的做燕式跳水；讓人樂翻天的，是大量的多巴胺。燕式跳水其實痛得要命。

在寫這本書時，我偶爾會進入那種淋漓盡致的狀態，走文行雲流水，不必一直翻同義字詞典尋找精確的用字。我實在是太愛這種狀態了，所以即使已經累到眼睛睜不開，腦子裡一團漿糊，也不願停筆。我寫得太認真，完全無法察覺自己何時已達臨界點，該從文思泉湧模式切換至白癡狀態，最後再寫些官腔官調收尾。我從不知何時該停筆、對自己好一點，因為還是有微弱的聲音說：「你太懶惰了！才工作十六小時而已！你有什麼毛病啊？」我老是忘了只要稍事休息，就算只有幾分鐘，工作表現就能更好，工作時間也能更長，甚至還能重返下筆如神助的狀態。

因此修習正念能提高覺察力。這種狀態與得心應手不同，不要搞混了。得心應手是全神貫注於一件事，對外界的狀況渾然不覺，完全投入當前的事務。處於這種流暢的狀態時，是無法思考和花時間注意自己的心到哪兒去了，或決定自己何時該休息了。

因此，如果真的很想體驗這種「得心應手」的狀態，有個問題是：該如何維持一心一意的專注力，同時覺察自己的內在狀態？我認為這兩種狀態不可能同時存在，除非你像那些已經禪修了數千小時、可以同時唱雙音的和尚（聽起來很像在打嗝）。最理想的狀態是：能處於得心應手的狀態，卻也能注意到何時該收手，讓自己暫停一下，恢復腦力，就算

只是短短的一秒鐘也好，去散散步、洗個澡、看電視、踢足球、出門購物，或者如果你對正念充滿狂熱，也可以做三分鐘的正念練習（請看第五章的六週正念課程）。

再談正念的好處

第一章提到過，人類有些能力是天賦、也是詛咒，例如開啟自動導航模式做事。修習正念只是一種方式，能讓人解除自動導航模式，訓練自己從事不是生下來就會的事。我們不是生來就有專注、冷靜、隨時想在當下就在當下的能力。如果你原本就做得到這些事，那麼請放下這本書，打電話給達賴喇嘛的隨從，告訴他們下一任喇嘛就是你。

我聽到你說：「那些有魂無體的人呢？那些整天像海參一樣躺在沙發上看《英倫玩咖日記》（*Geordie Shore*）的人？他們也是下一任喇嘛嗎？」不是。雖然他們人在沙發上，但心或許不在沙發，而是和有強迫症的家居裝潢者或網購成癮者一樣，正在鑽牛角尖。你可能會發現，這些躺著的人腦子裡也有聲音在叨唸著，要他們站起來，屁股越躺越大了。他們也許正邊喝酒邊大口吃洋芋片，想壓過或抹去心裡那些批評的聲音。

研究

實驗室測試能測量心智經過練習之後，究竟強化了多少，結果顯示：在相對短的時間內進步顯著。亞米希·傑哈（Amish Jha）博士採用電腦化測驗，測量費城賓州大學一群醫學系和護理系學生，在上了八週正念訓練課程前後專注力的表現。這群學生在這堂課學習使用正念管理壓力、提高溝通技巧，以及培養同理心。

訓練結束後的測試顯示：相較於未學正念的對照組，學過正念的學生能刻意引導、集中注意力的速度更快。

在傑哈博士的實驗室進行的其他實驗也顯示，只要每天練習十二分鐘正念，就能增強專注的能力，也較不容易分心。

活在當下

正念的一大好處：可拿到前往「當下」這個人煙罕至地點的免費票。好啦！我聽到你說：「活在當下有這麼好嗎？好在哪？要是我不想盯著蝴蝶翅膀看，也不想聽風鈴發出*叮*一聲，那又如何？我還有地方要去，還有人要見。」

活在當下，是無法用認知去理解的，那是一種感受；不能透過思考，而是要透過感官去感覺。閉起眼睛坐著呼吸，彷彿這是世上非做不可的一件事，或是有時間做的最後一件事。你可能以為等你剔完牙、做幾回腹肌運動、洗完澡、擦完乳液、烤好土司之後，半天就沒了，而那天根本就還沒開始哪。

所以，大家在提到心存正念或活在當下時，通常會認為這件事在需求層次表上，屬於低層次需求。

表面上看來，活在當下似乎沒什麼真正的用處，所以我們才會不常造訪當下，也不大清楚如何活在當下，除非有什麼不尋常的事發生，例如家裡著火了，或有隻海鷗停在你頭上。有時我們會從白日夢中醒來，此時覺知的大門會倏地打開，於是靈光乍現，真相大白，頓時恍然大悟。如何讓這恍然大悟的時刻發生，沒有人真的知道，但如果發生了，你會

知道的。

正念認知療法，讓人在想進入當下的時候，就能進入當下。這絕非易事，要現在試試嗎？知道了嗎？你思緒渙散，甚至可能根本就沒在讀這本書。就連現在正在寫這本書的我偶而也會分心：我正望著窗外，雜念紛飛，比如說一定要打電話給我朋友戴格瑪・史都華，幼稚園畢業之後我就沒跟他講過話了……然後我就突然不知道自己在打什麼字了。

但是當下卻是人人都想待的地方。不信？請容我指出你之所以會提前數月規劃假期或活動，是因為你「此時此刻」就想體驗那件事。可是，等抵達夢想中的旅館或帳棚時，你的心思可能又跑到別件事上：「我幹嘛花這麼多錢？我怎麼沒節食呢？我看起來像一頭大白鯨。我忘了餵倉鼠了。這裡跟我想像的不一樣，沒那麼好，我打賭別的地方更好。」你花大錢買了一瓶售價高於玻利維亞國民生產毛額的酒，就為了品它的木頭底韻，而你卻心不在焉地錯過了整個體驗。現在酒被你尿出來了，你卻連它是什麼味道都不知道。我們在日常生活中所做的一切，都是為了在當下吃到、聞到、看到、聽到或得到經驗。因此如果你聽到有人說：「我其實並不在乎是否活在當下」，就提醒他他正在花多少時間、金錢讓自己抵達當下。

如果有人問你，何時是你人生中最美好的時光，而你的回答是「現在」，那麼你就已經抵達當下了。

在本章最後，我想引用罹癌青少年史蒂芬·薩頓（Stephen Sutton）說的一句話：「你今天有八萬六千四百秒，一秒鐘都別浪費。」

Chapter 3

大腦的運作方式及
正念背後的科學根據

How Our Brains Work and
the Science behind Mindfulness

你可能正在想（不過我哪知道？）：我喋喋不休地說著要活在當下，真是說得比唱得好聽。我可以聽到你在說：「我沒時間，有電子郵件要回，要養家活口……快樂這件事等以後有空再說吧。」你的顧慮我完全明白。我自己也忙得很，要趕在截稿日前寫完這本書，所以我其實也沒花多少時間思考快樂這件事，只是滿腦子想著要是稿子交不出，下場會有多慘（顯然我交了，不然你現在就不會正在讀這本書了）。

不過正念除了能讓人活在當下之外，還有其他許多好處。目前的研究顯示，修習正念可改變大腦內部結構，而且還能強化免疫系統、對抗憂鬱、降低心臟病風險、促進健康。研究還顯示正念的成效也包括有助於管理情緒以及能掌控自己的行為。

我們以為一切都是命中注定，出生時就什麼都決定好了。不是這樣的……如果聽神經科學家怎麼說（為什麼不？），他們會說大腦具有可塑性，會隨著每次的遭遇、經驗、想法而改變。我不懂的是：如果那個叫做「神經可塑性」（neuroplasticity）的東西是不爭的事實，那為什麼我們這些普羅大眾卻幾乎沒人聽說過？為什麼只剩我們帶著那可憐的十四道陰影坐在這兒，但我們的腦子裡卻有一兆道陰影？

大腦能被訓練，變得更好！這為什麼不是國內每份報紙

和晨間電視節目的頭條？我們現在甚至不能拿自己受制於遺傳基因當藉口，因為近來有人想出一個叫做「表觀遺傳學」（epigenetics）的玩意，這門科學告訴我們：生活經驗與環境因素也能重組基因。因此如果你遺傳到某些很劣質的基因，不見得就會受影響，就好比終身帶著一顆手榴彈，卻從未拉開保險栓。

當我瞭解到每個人頭皮下的裝備都差不多時，我就迷上了神經科學，因為它讓我感覺自己不那麼孤單，大家都有同樣的毛病。我現在知道這些毛病不是我的錯，只是演化的問題。現在如果有人讓我傷心，我會知道這可能跟我無關，而是對方大腦的某個區域抓狂了，我只是碰巧首當其衝。大腦從人出生到死亡，都具有可塑性，這表示如果我現在開始破除某些思考陋習，為時未晚。只要加以練習，我將能自我調整，重新配置我的神經接線，提高我的注意力，而且我說到就要做到。

我很想把正念認知療法改名為「心適能」（Mind Fitness），這樣聽起來比較不像某些特定族群的人會做的事，也比你加入的任何健身房便宜，因為健身設備全在你的腦子裡。利用大腦成像與核磁共振研究，便能瞭解大腦的運作方式，從中知道大腦能改變多少，也會更容易明白坐下來練習有多重要。以下是說明大腦內部構造的小指南。在開始解說

之前，我要先說神經科學是地球上、也是全宇宙加起來最複雜的學科。有次我聽到布萊恩・考克斯和一位知名的神經科學家在廣播節目中聊天，布萊恩用清脆嘹亮的聲音，自顧自地陳述了宇宙的概念之後，那位神經科學家接著說：「嗯，這有什麼難懂的？神經科學要複雜多了。」

我在寫這一章時請教了奧利佛・滕博爾教授（Oliver Turnbull）。他是一位大名鼎鼎的神經科學家和神經心理學家，也是班戈大學（Bangor University）心理學院（教導與學習）副院長，發表的神經科學著作多達一百五十多篇。為了幫我，他拿了幾篇研究報告給我，囑咐我要好好研讀。奧利佛，老實跟你說，我一個字也看不懂。

所以如果我說我在這裡寫的是簡化版的神經科學，也未免太抬舉我自己了，簡直就像佩佩豬（Peppa Pig）在解釋量子物理學。我只會討論與自我調整和注意力有關的大腦區域、迴路及功能。我對神經科學感興趣的另一原因，是我覺得世界上最性感的人，非神經科學家莫屬，尤其是他們的頭腦。而寫這一章的內容，讓我有藉口約他們見面。

三位一體的腦理論

我想先從沒有人會覺得自己精神正常這件事說起。原因可能在於人有三個腦,而我們從來不知道是哪個腦在發揮作用。這三個腦經過演化塑造,改善了我們執行許多任務的能力:從在樹上盪來盪去,到取得婚前協議書。有時候每個腦也都不知道另外兩個腦在做什麼。

這種三重性反映了人類的演化進展:從最早的單細胞細菌版本,到最新的影星喬治·克隆尼(Goerge Clooney)版本。每個腦都不肯被另外兩個腦取代,個個堅守陣地,因此在大腦撞車時,就全擠成一團。

數十年來,有不少科學家對此三位一體的腦理論,各執己見。其實這三個腦並非各自獨立,而是以一種複雜的方式連結在一起,卻又互不瞭解。但我採用這三個腦各自分開的說法,好讓你和我更容易聽懂。

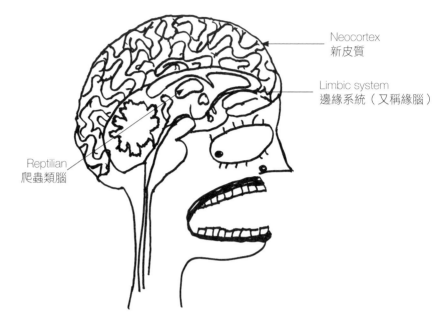

	Neocortex 新皮質
	Limbic system 邊緣系統（又稱緣腦）
Reptilian 爬蟲類腦	

這張圖是我自己畫的。

【爬蟲類腦】

　　大約五億年前，人類大腦最古老的部分出現了，名稱為
「爬蟲類腦」（reptilian brain）或「原腦皮」（archipalli-
um）。很炫的名稱，但不記也無妨。這個非常古老的區域在
腦幹與腦幹周圍及上方的皮層，掌管呼吸、心率、睡眠、性、
強烈情緒（我就喜歡這類型的男人）等基本功能。

【緣腦】

接著在兩億年前左右，人類發展出了大腦「舊皮質」（paleopallium），亦稱「緣腦」（limbic brain）。緣腦搬了進來，住在爬蟲類腦上方和邊緣，就這樣開門做起生意來了。它將來自爬蟲類腦的深層衝動與信號，轉化為情緒，幫助人記得自己有何感覺、是誰引發的，以及有這種感覺時身在何處。緣腦搬進來住之後，人類也開始會照顧幼小。在那之前，人類只會把小孩擠出來，然後就撒手不管。

【新皮質】

約莫三百五十萬年前，人類出現了快速成長期，主要發生在左右腦半球。這個新大腦叫做「新哺乳類腦」（neo-mammalian brain）或「新皮質」（neocortex）。這是個大男孩腦，專司問題解決、自我調整、洞察力、衝動控制、注意力、同理心……驚人的是，這個腦還能讓我們想到思考這件事。

基本上，原始情緒在腦幹快速湧現，由緣腦負責記錄、分析、記住這些情緒，接著再由新皮質評估這些情緒，決定接下來該怎麼做。

【三個腦】

想像這三個腦是鄰居，再思考以下對話：

爬蟲類腦（氣呼呼的）：我要性 X、發牢騷、吃飯、睡覺。咄。

新皮質：你這個卑鄙、噁心、下流的傢伙。拜託你別把自己那些猥褻的想法說出來，否則我就要打電話給有關單位了。

緣腦：我真是受夠你們兩個了！我忙著照顧孩子，結果你們一個氣呼呼的，一個老是在嫌東嫌西。

雖然人類最後得到的是這三個全擠成一團的腦子，但依循往例，大自然會補償它所犯下的錯，所以人類至今仍活得好好的。我們還在呼吸、生育，邊緣系統的功能也很正常。我們有七情六欲，就算孩子把我們榨乾了，也不會棄之不顧。新皮質也仍在使用中，因為我們有教養，知道手帕怎麼使用。由此可知，顯然大腦腦幹自始至終未怠曾忽職守

這三個腦不能被歸類為好或壞，每個腦視情況各有各的用處，就算你想扔掉較原始的那兩個腦，也做不到，因為它

們到現在還存在，不是沒有原因的。如果有人持刀從籬笆跳出來，你就需要緣腦來警告你。只是假如它接著再提醒你以後要避開所有籬笆，那就麻煩了外此，「愛發牢騷」的爬蟲類腦也有出頭天的時候，請看色情片就會知道了。

只要加以訓練，你就會開始將這三個腦當成三個不同的音符分開彈奏，而不是一次用力彈三個音，彈出不悅耳的聲音。而且越常練習，就越容易各別彈奏這三個音。

交感和副交感神經系統

在緣腦區有一小束形似杏仁的神經元，叫做「杏仁核」（amygdala）。它是一顆緊急按鈕，指示我們做出戰、逃、不動或激烈情緒等反應。近來更多研究顯示情緒不只在杏仁核，也分散在大腦其他區域。但現在別搞這麼複雜，只要知道數百萬年前，杏仁核的緊急按鈕能發揮絕佳的功能。遭遇危險時，杏仁核能激發一連串的化學傳訊者，啟動所謂內分泌系統（人類內建的化學反應），讓我們「拿出氣魄」與敵人一決勝負。這一連串的事件類似《絕命毒師》（*Breaking Bad*）連續劇主角海森堡（Heisenberg）的作為：他製作藍色冰毒（blue crystal，一種安非他命），然後交給傑西（Jesse）配送……只是在大腦的例子中的不是冰毒，而是皮

質醇和腎上腺素這兩種荷爾蒙（濃度過高時可能毒害人體）。接著傑西（腦下垂體）再將這些高純度荷爾蒙交給他的白癡助手（腎上腺）賣給街頭毒販（人體內的每個器官），最後這些毒販再把荷爾蒙強行賣給街頭孩童（最小的血管）。我剛才描述的，其實是人體交感神經系統的作用……還有《絕命毒師》的劇情。

你會以為「交感」（sympathetic）的意思是：你覺得自己真的很可憐，所以挑幾張前面印著哭臉小玩偶的慰問卡，寫上「我好同情你啊！」，寄給全身器官。但怪就怪在情況並非如此。杏仁核刺激交感神經系統，會讓你心裡大聲嚷嚷「不得了了」。接著腎上腺素等化學物質讓你心跳加速、血壓上升；皮質醇則會抑制你的免疫系統，以減輕受傷所引起的發炎反應，並回饋給杏仁核說有緊急狀況發生。於是整個循環再次啟動，這些有毒的荷爾蒙也就釋放得更多……週而復始，我們會因為壓力而感覺壓力更大，或因為焦慮而變得更焦慮。總之，情緒會引發想法，於是人就開始鑽牛角尖了。

在交感神經亢奮時，人體為了儲存能量將開始關閉功能，並使用剩餘的能量逃離現場、或留在原地戰鬥，或者如果你是廢柴，可能就會像兔子被頭燈照到時那樣定住不動，下一秒則被車撞死。在這種狀態下，生殖系統和消化系統也會停止活動，因為發生緊急狀況時，沒吃點心或沒從事性行

為，真的不是什麼大不了的事。沒有人會想在沒穿褲子或吃三明治吃到一半時被殺死吧！以上過程全是為了給你魔法，讓你不計一切地存活下來，而不是為了刁難你。只是體內的一切全都處於「備戰」模式，腦內充滿皮質醇，壓力也持續升高的緣故，所以情緒上你會變得更害怕。現在的你就像一頭驚恐的大象，橫衝直撞、無法控制。

倘若交感神經持續亢奮，神經元就會萎縮、死亡，尤其是負責記憶那一區的神經元。這就是為什麼壓力大時，什麼也想不起來，腦子裡一片空白；更慘的是連自己有什麼壓力也不記得了

皮質醇會減弱神經元在海馬迴（hippocampus）連結彼此的能力，導致神經元無法增生。此外，因為神經元會死亡，所以人才會困在慣性的負面思維中，日積月累惡化成鑽牛角尖：「大家都討厭我。我是個窩囊廢。我為什麼會是這樣的人，為什麼？為什麼？為什麼我不能跟別人一樣？我不能跟別人一樣，因為我是窩囊廢。誰會要我跟他們一樣？這樣他們也會變成窩囊廢」這種自怨自艾的牢騷三天三夜也講不完。

每個起心動念，都會在大腦引起生化反應，也會在身體引發相對應的感覺。有難過的念頭，就會有難過的心情；想

法快樂時，身體也會感覺很好，這得感謝多巴胺所帶來的效果。當大腦擷取到身體的情緒，並將這些情緒轉化為想法，就像貓追自己的尾巴：感覺到想法，想法到感覺，感覺到……沒完沒了。第五章將會詳述為何訓練注意力，把焦點轉移到身體上定格，就能停止這種無限迴圈。注意力一旦集中在身體的感覺，想法便會失去影響力。而擺脫這種瘋狂的自我厭惡，唯一的方法就是：減輕壓力，讓身體回復到基準線狀態，保持平衡。

當壓力舒解後，身體就會切換至相反的副交感神經系統，使得體溫下降、心跳減緩、血壓降低，能量再次流入大腦與各器官。副交感神經系統則將會發送信號給身體說沒什麼好怕的，現在可以從事性行為、吃東西，精神狀態恢復正常，雨過天晴了。

學習自我調整的額外收穫，是有能力選擇自己要處於哪個神經系統狀態。如果不過是晚了一分鐘，停車場收費員就把停車單夾在你車子的擋風玻璃上，你便想要處於精神亢奮狀態，想給他一點顏色瞧瞧，那就做吧！讓交感神經系統發威。不過一旦狀況解除了，你不想再整天想著被開停車單的事，也不想把怒氣發洩在朋友身上，更不想怒上加怒，即可切換至副交感神經系統。

問題是交感神經系統才是人類的預設狀態，就算它只是在放鬆或神遊。我們天生傾向負面思考，下意識總是在保持警戒，尋找危險，不斷擔憂、煩惱、自找麻煩……偶爾我們會突然想起一段美好的回憶，但通常不久又會難過起來，因為那段美好時光已成過去。前一秒你還在為即將舉行的婚禮感到激動不已，心臟噗通噗通地跳，下一秒卻在擔心是不是選對了吃魚的叉子……或男人。這種鑽牛角尖式的白日夢，是在自我參照的脈絡中被啟動的，一切都跟「我」有關。在這個脈絡中，有各式各樣的區域負責許多個「我」：敘事的我、概念的我、身體的我，還有一個語言區——自言自語的源頭。這就是放手讓人自行決定該怎麼做時所發生的狀況：什麼都是我、我、我。

　　大腦有個抑制「自我涉入」（self-involvement）的生理區域，叫做「背外側前額葉皮質」（dorsolateral prefrontal cortex），也就是心智的媽媽或爸爸。背外側前額葉皮質會在人太蠢或太瘋時接管情況，也會在人面臨道德兩難、不知該如何是好時，影響決定。我把這部份的腦想成是拉住一匹野馬的兩條韁繩。正念則能強化背外側前額葉皮質，因此較容易把注意力拉回來，也較能讓注意力集中在手頭上的任務，不會因為不相干的念頭而分心。

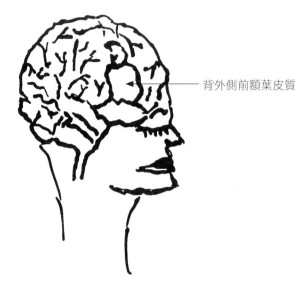

背外側前額葉皮質

這張圖是我自己畫的。

在三種情況下,自我意識是必要的:自省、一致與身份(有些人以為自己是拿破崙,如果你也是,那就恐怖了)。只是這種自我意識在我們開始拿自己跟別人比較時,就會適得其反,繼而引發自卑、羞愧等感覺,自尊心也會低落。

在使用功能性磁振造影(fMRI)時,即可見到這種情況發生:刻意把注意力從渙散的狀態,拉回到手邊的任務。把它想成是一種將焦點從發號施令的思維,轉移到更民主的思考方式的能力。在這種情況下,你將能選擇自己想注意或想忽略哪些資訊。

如果你不喜歡拉韁繩的意象，我還會使用另一種畫面。我會想像有人把手放在我大腦背外側前額葉皮質的位置，直到腦內的騷動平息為止（就算你不是佛洛伊德，也應該猜得到這雙手可能只是溫柔母親的象徵，但我從不知何謂溫柔的母親）。如果大腦某些區域平靜了，自言自語的聲音也會隨著沉寂下來，那是因為背外側前額葉皮質正受到神經連結而變得更緊密，也因此更強化。近期證據顯示，即使只上了八週正念課程，也能在磁振造影機上觀察到神經連結顯著增加的現象。

這並不表示使用韁繩或雙手的意象，就能抑制自言自語（自由自語也有存在的必要），而是自言自語的將變得較不擾人，音量也能受到控制。念頭不再是表演的明星，而是一位只聽從你這位導演的指令進退場的演員。

再談各腦區

我為什麼要講這麼多神經科學術語呢？這麼說好了，我是個實事求是的人。如果鍋子壞了，我會想知道原因，我會找專業人士告訴我問題出在哪裡以及怎麼修理。所以，大腦區域、區塊、迴路這些東西，我也是用同樣的方式處理。光是知道這些東西有名字，就能讓我感到安心並且血脈噴張。

以下是修習正念會影響到的大腦物質和腦區：

灰質（Grey Matter）是一種質地是黏稠狀的物質，包覆著大部分真正的腦細胞。可以把灰質想成是一塊肌肉。越常使用的區域，灰質厚度也會增加；當灰質密度增加，也表示神經元之間的連結增加了。而灰質的密度決定了思考的活力與強度。

正念能促進許多腦區的灰質增生，以下是其中幾個區域：

前額葉皮質（prefrontal cortex，簡稱 PFC）越常練習正念，前額葉皮質的灰質就會增生越多，將有助於理性思考。

杏仁核（Amygdala）當前額葉皮質面積增加時，杏仁核也會因修習正念而萎縮。杏仁核不僅會萎縮，與前額葉皮質之間的功能連結也會減弱，於是情緒反應減少，注意力將會更集中。

腦島（Insula）相較於思考自己的感官知覺，腦島能讓人本能地覺察到自己的感官知覺。越常練習正念，前腦島就變得越大。我們希望腦島又大又健康，是因為腦島會引發後設認知（退一步觀照自己想法與感覺的能力）。每專注於一種感官，例如觸覺、聽覺、味覺、嗅覺、視覺，就會啟動腦島。腦島變得越強，就越容易定心靜心。

　　海馬迴（Hippocampus）磁振造影顯示，正念能提高灰質濃度，促使海馬迴結構改變。這些新神經元的增生，能提高智能、促進思考彈性、增強記憶。

　　前扣帶迴皮質（Anterior Cingulate Cortex, 簡稱 ACC）是維持注意力、不讓人分心的大師。在自我調整和注意力方面，前扣帶迴皮質可以偵測到注意力是否已飄至他處。尤其是每當你注意到這種情況發生，前扣帶迴皮質就會變得更強壯，讓你更容易把焦點從思考腦切換至感覺腦。此外，它環繞著杏仁核，能控制悲傷情緒，將注意力轉移到其他較安全的事物。雖尚無任何明確證據證明，但藉由修習正念，強化與調整注意力有關的前扣帶迴皮質，或許能改善注意力不足過動症（ADHD）的症狀，對躁鬱症可能也有幫助。不過，倒是已有證據證明正念確實能改善注意力。

顳頂交界區（temporo-parietal junction）如前所述，正念能在注意力轉移到身體時，提高人對自己身體的覺察度。這種情形可以在大腦成像中觀察到，因為在修習正念期間，可看見被稱為「顳頂交界區」，也就是讓人察覺到自己身體感受的區域灰質增加了。這是幫助邊緣性人格障礙症患者的關鍵，對飲食障礙症患者和成癮患者也很重要。

　　副交感神經系統（Temporo-parietal Junction）正念能提高副交感神經，並減少交感神經活動，使得心跳降低、血壓下降、呼吸減緩、肌肉較不緊繃。

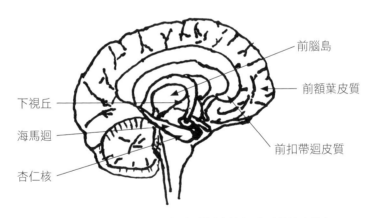

　　這是我為上述腦區畫的圖解，如果把大腦剖半的話（別想這麼做）。

因此，我一直在大聲倡導的是，藉由修習正念，學習調整自己的情緒，可以把自己較原始的反應，重新導向更高等的腦。證據顯示，前額葉皮質活動增加時，杏仁核的活動也會減少。反之，亦即前額葉皮質活動減少，杏仁核活動增加的話，社交恐懼症就會變得更嚴重，繼而引發焦慮。

上述內容皆有憑有據。除了讀其他許多研究文章之外，還可以在二○一一年《透視心理科學》（*Perspectives on Psychological Sciences*）第六期第五三七頁，由布里塔·霍爾澤爾（Britta K. Hölzel）等人著作的〈從概念與神經學角度探討正念冥想為何有效〉（How Does Mindfulness Meditation Work from a Conceptual and Neural Perspective?）一文中，找到這些調查結果（網址為 http://pps.sagepub.com/content/6/6/537）。

如果你跟我一樣凡事講求證據，再多提供以下一些證據。

研究

莎拉‧拉薩爾（Sara Lazar）是哈佛醫學院神經科學家、麻薩諸塞州綜合醫院精神科研究員，也是首位宣布冥想能影響大腦結構的研究員。她利用功能性磁振造影發現：修習正念者的腦島區灰質數量會增加。

拉薩爾也進行了另一項實驗，取得二十位冥想者腦部極為詳細的影像，再將其與控制組（二十位未冥想者）的腦部影像相比。前者平均冥想大約已九年，每日冥想時間則平均略少於一小時。每位冥想者都是住在美國的西方人，從事一般工作。未冥想者則是未有過瑜珈或冥想經驗，並根據年齡、性別等特質與冥想者配對，自願參加實驗的當地人。拉薩爾在比較這兩組人的腦部影像時，發現冥想者腦部特定區域的厚度明顯大於未冥想者相同區域的厚度。

拉薩爾及其同事最近也公布了一項研究結果：感覺自己壓力較小的冥想者，其杏仁核（亦即與情緒反應力和恐懼相關性最高的大腦區域）的灰質厚度較小。實驗室測試能測量練習冥想期間心理強度的變化，結果顯示：在相對短的時間內，冥想者的心理強度明顯改善。

或許你已經注意到，這些研究發現提到的是冥想而非正念。雖然兩者可能被認為相似，但冥想比較像是一種練習，而正念卻是透過這種練習，在日常生活中增強此時此刻注意且不加批判的技巧。

　　以下是會讓我想吹哨子的一則報導：加州大學克里夫‧沙隆（Cliff Saron）研究冥想如何影響與細胞老化有關的分子：

> 被研究的分子是名為「端粒酶」（telomerase）的酵素。它能延長染色體末端的 DNA 片段，而這些片段能確保基因物質在細胞分裂期間的穩定性。細胞每分裂一次，這些片段就會變短，當長度減少至臨界值以下時，細胞便停止分裂，並逐漸進入衰老狀態。與控制組相比，生理壓力顯著減少的冥想者，其端粒酶的活性也較高。這些發現顯示：正念訓練或許能減緩某些修習正念者的細胞老化過程。

　　對我來說，如果一天只有少許空閒時間，是要選擇讓臀部緊實，還是做些正念練習延長壽命、改善生活，我不用動腦也知道要選哪一項。不過不必灰心，第五章的六週課程將會提供，教你如何在練習正念的同時，也能讓臀部緊實。

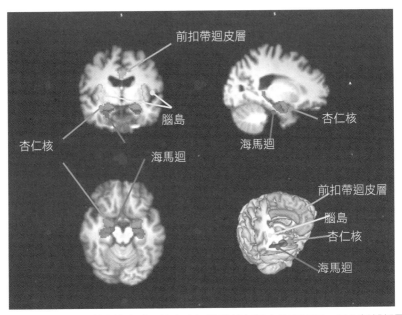

前扣帶迴皮層

腦島

杏仁核

杏仁核

海馬迴

海馬迴

前扣帶迴皮層

腦島

杏仁核

海馬迴

我應該會找人掃瞄我的大腦，讓大家知道雖然每個人外表不同，但內部都相同。只是我所在的領域，剛好比大多數人的更有吸引力。這是我的大腦……

為何做事要快：生理與心理疾病

‧ 百分之九十的人就醫，不是真的生病了，而是因為壓力所引起的不適。而這些不適與極端情緒有關。

‧ 在歐盟，有四千萬名員工正受工作相關的壓力影響。

‧ 在歐洲，因壓力而無法工作的損失估計超過兩百億歐元。

雖然短期壓力對免疫系統有益，能加速免疫反應（例如治療傷口），但慢性壓力卻會導致傳染病惡化，且易罹患多種慢性病及其他疾病。

· 失智症

· 糖尿病

· 消化疾病

· 動脈硬化

· 心臟病

· 不孕

· 性慾降低

· 記憶衰退

· 心理疾病

・肥胖

・早衰

・特定癌症

・濾過性病毒感染

　　相較於壓力所造成的傷害，抽煙的害處可能還比較少⋯⋯不要說是我說的，但我真的有說。

　　免疫系統衰弱是上述多種疾病背後的凶手，而壓力則阻是斷了神經系統與免疫系統之間的互動，導致免疫系統衰弱的元凶。正念的目的在於減輕壓力，其方法則是改善人與壓力的關係。有不少研究紀錄著正念認知療法在治療藥物濫用、改善免疫功能、降低血壓和皮質醇濃度等方面的功效卓越，對於飲食障礙、慢性疼痛等也極為有效。此外，對心理健康也有正面的影響。

　　以下幾項疾病說明將有助於了解壓力所導致的後果

【成癮】

有件事得先說清楚：會讓人上癮的不只是藥物、性或酒精，還有恐慌、焦慮、絕望的想法和感覺等。再打擊你一下：我們可能會尋找能引發我們成癮感覺的那種人，而且總會找到最完美的加害者。有些人無法分辨自己是因為喜歡才跟對方交往，或只是因為對方能讓他們成癮的那些化學物質在血液裡冒泡。即便是羞辱，也會使人成癮。

無論是消遣性毒品或是情緒性毒品，之所以會讓人成癮，主要是因為有某些化學物經由受體跨過神經元之間的神經鍵。這些受體只要等到正確的化學物質一出現，即能起作用，就像鑰匙孔在等對的鑰匙（化學物質）卡嗒一聲插入孔內的情況一樣。這並不是只要有就能完成的一件事；只有某些化學物質才能穿過某些受體（鑰匙孔）。能接受血清素的，就只有血清素受體。這些受體可是非常堅持一夫一妻制的。

如果身體開始分泌大量多巴胺，讓你感覺自己所向披靡、天下無敵，你就會想要更多，最後這些受體會因為使用過度而鈍化，你也會感覺效果大不如前。接著就換古柯鹼登場了。古柯鹼碰巧有一把類似多巴胺的鑰匙，能完全契合多巴胺受體的鑰匙孔。如果你無法自行分泌多巴胺，就得退而求其次，求助於消遣性毒品。想當然爾，你永遠需要更多，

因為這些受體會失去魔力……這就是成癮的可恨之處：除非戒除，否則將永遠成癮下去。

我這人哪，以前動不動就發脾氣。雖然現在還是，但我現在比較清楚如果放任自己發怒，就會出現有害的激烈反彈。偏偏這一切仍堅守地嵌在我的腦子裡。而這也是我胃食道逆流的毛病至今好不了的原因。現在我依舊會夢到自己在生氣——熟悉不過的心跳加速，身體變成外星人的感覺，還有那齜牙咧嘴咆哮的模樣。每天早上醒來，我還是會絞盡腦汁找對象生氣。我能打電話欺負誰？就算是個可憐、無辜的職員也好，因為他的公司寄錯我的羽絨被尺寸（有沒有搞錯啊！我要的是雙人加大，不是單人被）。

我特別喜歡打這種電話，因為我可以感覺到業務員正在發抖，並且試著保持親切態度，但這反而讓我更生氣。雖然生氣是我的特色，但只要越少在發怒時做事，就越不會氣成那樣，也不會上了癮，它只會像一段逐漸淡去的記憶。不過這並不表示我不再發怒，我還是會有所保留，殘留著怒氣。現在我會則是看時機發怒，例如有人故意把車停在我車位的時候。

我已經努力戒除攻擊停車場收費員的習慣，你也可以跟我一樣，學著調整基本戰、逃或不動的承受，藉此改變身體反應壓力的長期影響。壓力不見得是在緊急情況或災難時才

會產生。日常生活中的小矛盾，可能來自職場、家庭生活或社區，日積月累也會變成壓力，對身、心可能造成長期、負面的影響。一頓大餐、抽煙、喝酒⋯⋯任何破壞皮質醇的事物，都可能增加壓力。詮釋事件的方式以及平時的身體健康狀態，並非完全取決於遺傳因素，而是決定於選擇哪種行為以及生活方式。換句話說，別怪你媽生給你這些害你養成吸毒習慣的基因。

【第二型糖尿病】

發生緊急狀況時（戰或逃），必須提高血液中的葡萄糖濃度，以補充身體能量。倘若壓力持續太久，身體將無法再吸收葡萄糖，便容易得到糖尿病（胰島素能調整葡萄糖濃度，胰島素不足時，細胞就會挨餓）。

因為往往短期內有助於我們的事物，長期下來反而有害。就像是吃一塊巧克力很好，但在床邊用吸管吸巧克力噴泉可就不妙了。

【過度肥胖】

之前提到過消化系統在有壓力時會關閉，因為身體需要所有能量來準備戰或逃，沒空思考午餐吃什麼。當血糖濃度逐漸升高，胰島素便會對葡萄糖出現抗性，導致葡萄糖無法

進入細胞。這樣的情況與糖尿病相同，也表示你最後會上必須把你家屋頂掀開，還得找一架直昇機，把你從到處都是義大利麵的床上吊起來載走的那種電視節目。

【不孕】

假使承受的壓力過大，生殖系統就會關閉。對男性而言，這段期間製造睪固醇和精子並未列入前幾項要務，因為男人在逃命時，最不需要的就是勃起。此外，就算不懂科學，也知道女性在有壓力時不會想從事性行為，因為排卵、月經、懷胎、哺乳等麻煩事只會造成諸多不便。不過這項規則也是有例外的情況：女性在遇到掠食者追求時，不會或對抗逃跑的……而是放慢腳步，花時間除腳毛，穿上誘人的內衣跟他約會。

【癌症】

壓力與罹癌之間可能的關聯性，是壓力抑制了免疫系統，而免疫系統通常能偵測到初期腫瘤並與之對抗。

【心臟病】

　　承受壓力時，短期內血壓會上升，心跳加速，身體也會製造更多葡萄糖以補充能量。長期下來，若血壓持續升高、心跳越來越快的話，則容易罹患心臟病和中風。

【記憶衰退及老化相關疾病】

　　老化的一項徵兆是，前額葉皮質變薄。而灰質增生能減緩變薄的速度。相較於灰質只剩下一丁點兒的人，灰質增生能延長壽命，激發更靈活、更機敏、更有活力的思考方式。

【憂鬱症及其他心理疾病】

　　究竟有多少心理疾病是天性使然，又有多少是後天造成，至今仍無定論。簡單地說，如果你有憂鬱症基因，但日子過得很好，便可能永遠不會發作。反之，如果你爸媽比土狼還要野蠻，或在你生活中發生了一件很恐怖的事，轟！你就可能發現自己罹患了心理疾病。雖然有些化學物質可能導致憂鬱症，但至今仍無法百分之百證實此事。如腎上腺素讓人感到活力充沛，但皮質醇，尤其是糖皮質素激素，則讓人耗盡元氣，感覺到憂鬱症的死亡之握。糖皮質素激素也會減少多巴胺分泌，讓人提不起勁，也快樂不起來。

壓力導致血清促進素分泌減少，可能讓人失去生存意志。因為血清促進素是提振元氣的大功臣

假設壓力是伴隨著心理混亂狀況而來，那麼永無止盡、不斷襲來的羞恥感和自我厭惡感，則意味著有毒的化學物質正在放肆。只是激發這些化學物質的是什麼？是有尖牙的掠食動物？是瞄準你家後花園的核子武器？都不是，而是你的想法正陷入毀滅的迴圈裡，也就是你正在胡思亂想。這種思考模式能引發焦慮、恐慌症發作，以及憂鬱症。

【感覺有壓力的壓力】

生病時，如果再加上有壓力，病情便可能惡化，甚至引發另一種截然不同的疾病。比如過於擔心帶狀泡疹可能導致心臟病發。若是因為生病或受傷，而胡思亂想產生壓力，這種二次打擊，可能會導致永無止盡的傷害。正念有助於安定思緒，避免這種二次打擊。最後壓垮人的不是生理或心理問題本身，而是羞愧感或疾病所引起的壓力。

化險為夷：神經可塑性

讀到這裡，你可能正高舉著雙手，心想：「就算知道這些跟壓力有關的資訊，那又怎樣？我就是這樣的人，積習難改又如何，我會因為這樣就變成壞人嗎？」這無異於在說：「我什麼都做不到，我是懶惰鬼，這是我的命，是冥冥中注定好的。」講得好像有個懶惰鬼精靈，趁你半夜睡著時來到你家，把你家弄亂似的。這跟命中注定毫無關係。你就算沒手沒腳，也一樣能把自己的房間整理乾淨（我媽以前常用牙齒吸灰塵，大家多跟我媽學學吧！）現在我們知道基因賦予人類基本功能——把基因想成是一種潛在的化學物質和一張模糊的神經連結藍圖，也知道基因是可以被改變的。在子宮經歷到的一切，真的是所有的一切，甚至能重新設定神經型態。而這些神經型態反映出人的思考、感覺和行為方式。因為大腦從來都不是靜態的，其型態與連結不停地在改變，而且可能的排列方式或許多過宇宙的繁星。這個被稱為「你」的模型不會有最後的版本，所有人都在流動的狀態中。這種形狀不斷變化的現象，就是眾所周知的「神經可塑性」。

神經可塑性是建立新神經連結的能力。人的大腦就像海綿，其形狀會隨著每次的想法與經驗而改變，甚至在讀完這句話之後，你的大腦接線就已經改變了。

我們的大腦是由數兆個連結錯綜複雜的神經元所組成的，它們不斷地與彼此通訊，傳遞電化學訊息。雖然我們無法偷聽到它們通訊的內容，但是如果你把某人送進功能性磁振造影掃瞄儀裡，請他從事特定的任務或想些特定的事，大腦裡不同區域的神經元就會被啟動，將能提供一些線索，讓我們能夠知道腦內的情況。如你只是閒來無事坐著修指甲，腦子裡卻可能正在上演一整集的「肯伊‧威斯特（Kayne West）巡迴演唱」燈光秀。

這很像「傳包裹」（Pass the Parcel）遊戲。每個神經元都透過電流傳遞資訊（不是用報紙包著的破爛塑膠玩具，而是重要資訊），激發特定化學物質或神經傳導物質（neurotransmitter）分泌。這些物質讓大腦浸泡在各式各樣的溶液裡，影響你的想法、感覺和行為。如果某些想法、感覺或行為反覆出現，相關的神經連結接線就會變得更牢固；神經接線越牢固，同樣的想法、感覺或行為就會越常反覆出現。*就這樣！*習慣養成了，也侷限了你看世界以及看自己的視野。

既然知道大腦不停地在變化，於是只要改變想法，就能改變大腦的外貌；只要破除無益的模式，神經元便能停止分泌伴隨這些模式而來的化學物質。

以下理論可以解釋集中注意力或許能影響神經可塑性的原因。大腦有個區塊叫做「基底神經核」（neucleus basalis），與腦幹相鄰。當這個區塊受到刺激，神經元會產生些微動作電位，並分泌某種化學物質至皮質各處（這物質的名稱太長了，我也懶得說）。一旦神經元被啟動，這個化學物質便能強化神經元之間的連結。尤其是集中注意力時，神經元所噴出的物質便能引起神經可塑性。這或許是思想的力量能改變大腦結構的原因之一。但這件事該怎麼做到？接下來話題將回到之前提過的大腦雕塑家：正念認知療法。

正念如何提高神經可塑性

練習正念時，可以利用神經可塑性的特性，讓自己擺脫習慣的束縛。若想達到此目標，就必須學習如何有效使用大腦、強化某些神經連結、打破其他連結，以及調控化學物質濃度，使其對自己有利而非有害。

有些人懶得學習與電腦硬體有關的知識，但電腦卻是由這些硬體操控的，或者有些人不研究汽車引擎是怎麼一回事，因為汽車引擎壞了可再買一輛車。我完全可以理解因為學這些很無聊，而且誰這麼有空？問題是，如果我們自己壞了，可找不到新款式來取代舊款。

既然知道有神經可塑性這回事，就不能再說我們只是嬰兒的放大版——自己就是這樣，無法改變，無可奈何。將可以明白當想法改變時，大腦也會跟著改變，只要質疑自己的思考習慣，並有意識地決定自己想過怎樣的日子，便可刻意重新裝潢神經內部，拋除並更新、改善舊有模式。

動物行為原本也是千篇一律，須經過生命的演化，他們才得以前進，適應大自然的環境。例如給駱駝駝峰解決缺水問題；或給長頸鹿長脖子讓牠們吃得到樹頂的葉子。動物不必自己想出這些方法，演化會幫牠們代勞。然而人類卻可能憑藉有意識地運用思考力來讓自己演化，讓自己更好，不必枯等演化發生。更重要的是，大腦原本的設計，就不是要人類停止學習，因為一旦停止更新大腦，接線就會鎖住，人類便會訴諸自動導航模式和舊習。若想演化，則必須破除基因習慣，將全人類共同學到的事物，當成一個努力的出發點。

研究

「如果演化是我們對未來的貢獻，那麼自由意志就是我們開啟演化過程的方法。」

這段話出自正念神經科學領域數一數二的專家理察‧戴維森（Richard Davidson）。

有個前景看好的科學正在興起，探討正念如何在大腦／身體生理學與功能的層次「發揮作用」。該領域的發現正開始呼應來自主觀經驗的報告。例如，「感覺」到的事正在發生。

近來神經科學的發展也已證實：大腦的結構與功能絕非在童年時期便已定型。大腦從人出生到死亡，始終具有「神經可塑性」，亦即大腦是可以改變的。越來越多探討正念影響的大腦成像／磁振造影研究指出，正念絕對能改變大腦結構與功能，也能改進思想與感覺兩者的品質，而且是能大幅改變。正念冥想似能重塑神經路徑，提高與注意力、自我覺察、反省等有關的認知能力，以及與慈悲、同情、理性等情緒領域相關區域神經連結的密度和複雜度，同時降低涉及焦慮、敵意、擔憂、衝動等區域的活性與增生。

我不是硬要你接受我的想法，但以下還有幾個考慮練習正念的理由：美國國立衛生研究院發表了對有無冥想這兩種人的研究結果，結果顯示：相較於未冥想者，冥想者的死亡率大幅降低。冥想組在十九年之內，死亡率降低百分之二十三，且罹患心血管疾病的死亡率也降低百分之三十。

如果正念不是你的菜，還有其他延年益壽的方式。如有許多朋友陪在身邊，以及跟能讓你開懷大笑、持續學習、運動、吃花椰菜，而且不吸煙的人結婚。

Chapter **4**

憂鬱症插曲

A Depressing Interlude

二〇一四年十一月九日，這本書我大概行筆至此，直到二〇一五年一月二十五日才又提筆。因為我的憂鬱症在平息了七年後又發作了。我從未自負到以為憂鬱症絕對不會復發，而且以為只要修習正念之後，就可以感覺到憂鬱症快要發作了。我想這就是憂鬱症諸多鳥事的其中一項：因為生病的是你的腦子，所以你無法像腳踝斷掉那樣後退一步，採用客觀、清晰的角度看事情。我知道沒有神奇藥丸這回事；我想要的只是當憂鬱症再次從暗處突襲時能先做好準備。不可避免的，憂鬱症是慢慢、悄悄地潛入你心裡，讓你以為自己只是性情轉變。就像是當你習慣了自己的某條皺紋，你還以為其實那條皺紋一開始就在那裡。

當時我人在美國打書和演出。在美國工作一向不利於我的健康，因為到處都有讓我發病的心理陷阱。只要想到美國，我就會聯想到這是讓我失敗的國家。由於早年父母的不當管教，我只做成了一件事，就是遠走他鄉。我不是說我爸媽不該移民美國，因為要是當初他們沒移民，我現在就不會在這裡打這些字了。可是每當在豔陽高照的日子裡，到海邊時我總會悲從中來，覺得我讓大家失望透頂，首先是在海關監管處的那些人。我就不提到各書店巡迴簽書時發生的事了，這會讓我回想起當時的情景，再度受創……喔，好啦，我跟你說。

二〇一四年十一月五日，我開始在紐約宣傳我那本《精神問題有什麼可笑的》（*SANE NEW WORLD: Taming the mind*）。每個人都告訴我他們很愛紐約，但對我來說，紐約卻是在騷擾我感官的一座城市。整個晚上，我聽著垃圾車叮叮噹噹的聲音和按個不停的喇叭聲，輾轉難眠，吵到我都想招認自己在戰時殺了人放了火。有天深夜，通告結束後，我到地鐵站搭車，沒想到我搭的那班車要兩小時後才到站。所以在候車期間，我看見鬧哄哄的景象：一臉兇相的人像野狼似地嚎叫，還有一個全身光溜溜的人在假裝彈班卓琴。凌晨一點三十分，那班車終於抵達，我站著被擠進車裡，活像籠飼雞被載去宰殺途中，在箱子裡擠成一團的模樣。我到百老匯，那裡有地獄來的遊客用手肘把你推到人行道外，再擠到前面去（為什麼要擠到什麼前面？我也不知道）。想像全世界各種族的人都在用手肘推來推去，彷彿是在參加奧林匹克比賽，各國派出國內手肘最厲害、最尖利的選手參賽。這景象可不賞心悅目：有些國家最後躺在排水溝裡，有些國家被更強的國家壓扁。我一直聽到有人在用英文說：「抱歉，不好意思」。他們推人的技術太差了，幾乎是在倒退走。為了讓自己冷靜下來，我走進一間美甲店。只是沒想到大概全美國都得了美甲店瘟疫吧！店裡的人竟然會設法先把你的指甲外皮撕下來，再用沙紙磨你的腳底（這是在關達納摩灣常用的一種酷刑）。我說我要背部按摩，結果兩分鐘後有個男的要來幫我磨皮。

我從紐約飛往洛杉磯，接受嘉莉·費雪（Carrie Fisher）訪問，談論我的書。我認識她三十五年了，也很愛她。隔天早上，有人接我到洛杉磯進行第一場訪談。車子開了一小時，才抵達一個擠滿更多美甲店的購物商場。到了那裡，有間簡陋的維他命商店。我往店裡走，然後在一片珠簾後見到要採訪我的人：一個頭上只剩三根頭髮還黏著頭皮屑、手裡握著麥克風的乾癟男性。他用綠茶可治療攝護腺癌這個說法開場，然後大叫：「化妝！」彷彿這是件常被拿來取笑的事，因為那裡連張椅子都沒有，更別提化妝室了。手持家用攝影機拍我們的男性看起來命在旦夕，手抖個不停，畫面中的我們應該是模糊成一團吧！我被問的第一個問題是：「你覺得哪種營養補充品或藥酒能治好心理疾病？」我提到跟大腦有關的某件事，但他完全聽不懂我在講什麼。有個叫做恰可先生（Mr. Chuckles）的瘋子戴著一頂上面有螺旋槳的帽子，排在我後面等著接受訪問。他告訴我他跟我一樣，也是喜劇作家。他有樂一通（Looney Tunes）卡通的那種笑容，講話聲音很像正在吸氦氣。離開時有人送我幾罐治療癌症的維他命，和一本叫做《我吃綠色食物》（*I Eat Green Food*）的書。本來應該有人載我回去，但她開的那輛電動汽車沒電了，得找地方充電。最後我受夠了，於是拜託恰可先生載我回洛杉磯。

我的下一場訪問則是跟一具屍體一起：有個十年前過世的女性被直挺挺被地黏在椅子上。她說的前幾個字跟羊排有關，其他的我都聽不懂。之後有人載我到航空公司搭機，但搞錯家，結果錯過了班機，只好改搭凌晨一點降落在費城的那班飛機。抵達機場旅館之後，他們告訴我客房超訂，於是找人載我到另一家位於荒郊野外的旅館，感覺像是在另一個銀河系。值得一提的是，載我去的司機講了我這輩子聽到最棒的一句話，他說：「好吧！好消息是旅館在丹尼小館附近」那是一間整晚都吃得到蛋的地方，是你吸了馬用鎮定劑，晚上睡不著時的好去處。不過，進到房間後，卻發現牆上和天花板上都有腳印，而且到處都是又深又黑的污漬。

　　完成一趟成功的簽書巡迴之旅（賣了四本書）之後，我前往哈佛，預定在那裡進行《精神問題有什麼可笑的》表演。所幸表演場地和分配給我的公寓距離很近，就連我這個路癡，也有辦法從公寓走到後台。只是我知道這無助於觀眾人數每晚都在減少的事實，所以幫這種情形取了個新名稱，叫做「一直在禿頭的禮堂」。表演一開始，我看得出坐在觀眾席上那些人的臉部表情顯得有點困惑，但又不覺得哪裡好笑。應該說他們不知何時該笑、何時該哭，因為我在美國的許多同胞不知道可以同時做到又哭又笑（我從小就知道這件事）。我知道該怎麼做，因為這是我活下去的方式：同時哭和同時笑。這是我一直都有的一套技巧，幸運的是，到了英

國之後，我知道這套技巧是有名字的，叫做諷刺。事後回想，我應該在演出時舉告示牌，上頭寫著：「這裡很好笑」和「這裡不好笑」，也許我該使用罐頭笑聲。不過有件事是可以肯定的：演出進行得並不順利。表演結束後，耳邊傳來零星的掌聲，我得很努力才不至於心碎而死。然後我會跑回家，躲進棉被裡。

我以為我有的會是一種空洞、隱形的感覺，因為一個人孤伶伶的，而且外頭大雪紛飛。（現在你知道心理不健全的人有多會自欺欺人了吧！）我的病情日益惡化，卻沒意識到發生了什麼事，只是不斷想著全是因為雪越下越大的關係。我的恐懼程度往上直竄，但我不知道為什麼會把這件事跟下雪扯上關係，而且最後嚴重到，我非得走到下一條街買牛奶時，就會發抖。

等雪停了，我還是不知道自己已經憂鬱症復發。為了消磨白天那幾個小時，我會搭計程車到幾間草藥治療室，因為我怕到不敢走路。我發現那裡有冒泡泡、熱呼呼、髒兮兮的木製澡盆，地上還有黏液。而且每個人都很親切，沒人問我為什麼天天坐在招待區。櫃台有個女性，我通常會拿這種人當《荒唐阿姨》（*Absolutely Fabulous*）其中一集的題材。她身上穿的衣服活像補夢網，講話聲音聽起來像風鈴。以我目前的狀態研判，當時我會喜歡她，是因為她對我很好，每隔

幾分鐘就問我：要不要喝來自新幾內亞巴布亞省的尤奇奇摩陀陀樹皮茶。她從不問我為什麼每天都坐在招待區，也沒約療程。她就是這麼高尚⋯⋯但工作表現不怎麼樣就是了。

我有提到我電腦壞掉的事嗎？我到天才吧（Genius Bar）修理，他們說無法查明故障原因。難不成有個電腦頑皮鬼跑進我的硬碟裡，把我寫的東西全刪掉了？也或許我下意識決定要與電腦同進退，所以連大腦的資料也刪掉了吧！總之，我先到購物中心買了一部新電腦，再到商店買吃的東西。還好這幾家店裡的狹長走道上都有沙拉吧。後來我走在哈佛大學內的路上，手拎著兩個袋子，一袋裝著電腦和所有配件，另一袋則裝了重到不行的冷凍優酪乳和奧利奧餅乾。最後我搭上一輛計程車，下車後整晚見門就敲，逢人就問我是不是住在這裡。

最後這件事終於告一段落。我不知道自己是怎麼回到英國的，只是一週後我發現自己正坐在飛往挪威的飛機上。我是在半年前接下這趟演出的，當時天氣暖和，陽光和煦。

現在是十二月初，我在一架飛機上，魂不守舍，手裡緊握著一張機票和幾件替換的內衣。飛行數小時，轉了幾趟國內班機之後，我才發現飛機正飛往大老遠的北極圈，到一個我以為一定要有哈士奇帶路才到得了的地方。下飛機時，四

下一片漆黑（後來我才發現這裡永遠都是這樣）。然後離開機場時，因為風寒效應（78,965,4632），我手上的行李被風吹走，臉上還脫了一層皮，好像有人在用電鋸幫我磨皮一樣。

他們帶我去的小鎮沒有可愛的白色斜頂小屋，只有一處外觀十分像工業煉油／煉魚廠的地方，我不由得想到車諾比。我被安排在一間極為簡約的旅館，所謂簡約，指的是沒有像《鬼店》（*The Shining*）那樣的家具和長型房間。他們給我一間全白的套房，房裡有一條白色走道，走道盡頭有一株枯死的植物。我有提到暖氣壞掉、餐廳沒營業，而且永遠都不會營業的事嗎？

早上沒供應早餐，於是我到餐廳偷了像松鼠肉之類的東西吃。太陽從未升起過，早上十點沒太陽，下午一點也沒有，永遠都不會有。狂風整夜呼嘯，雨水打在房間窗戶上，有如拿著一片鋁箔紙遮住頭頂，站在尼加拉瓜瀑布底下。即便當時我有憂鬱症，卻忍不住笑了出來，感覺像是我的大腦開了一個小空間或小縫隙，讓光亮照進來。我看得出這整件事的滑稽之處。在這令人沮喪的氣氛中，我被帶到一棟蘇維埃集團的水泥建築物表演，對著約六百名聽眾聊憂鬱症（他們可能也有憂鬱症）。

回到倫敦時，我發現我的行李又被寄丟了，莫名其妙被寄到哥本哈根去了。

我現在坐在自己的臥室裡，感覺黑幕低垂，遮住了我所有的思緒。在修習正念時，我至少能讓自己稍微脫離那些想把我炸個粉身碎骨的謾罵想法。修習正念之後，我有能力說「我有憂鬱症」而不是「我很憂鬱」。重要的就是這些小地方。我正在試著乘風破浪，而不是被捲進浪裡。祝我好運吧！

過一陣子之後

那之後的事我就沒什麼印象了，只記得有人建議我去普萊利療養中心（Priory）。我以為他們會算我特價，因為我幫他們大肆宣傳，還在前一本書裡提到他們（無論我的精神病有多嚴重，還是隨時都能想到打折這件事）。

此時正念就派上用場了。這次不到幾週我就知道自己憂鬱症復發了，而不是延誤數月才知道，所以我做得很好。我臣服於自己沉重、死寂的心理狀態，任它擺佈。我屈服，原諒自己，不對自己尖叫「去你的」，只是接受。我能原諒自己生病，而且也不必處理那些自我抨擊的言論——說我衣食無缺還有個正牌的*普拉達（Prada）*包，居然還有臉讓自己

出問題。雖然這件事只是個開始，但在我死氣沉沉的腦子裡，我可以知道此事千真萬確，還能束手就擒，暫且如此。

這次發作的時間比之前任何一次短，因為我知道不要因為焦慮而變得更焦慮，別害怕自己而害怕，也別因為憂鬱而變得更憂鬱。光是這麼做，我就能避免二次痛苦，因為我知道我是真的生病了，但二次痛苦卻是自找的。這次我只住院一週，然後就回家躺在床上，等這場病過去。在那之後，換女兒照顧我，她知道對我來說，連去拿杯茶都是很恐怖的一件事。我也發現到我第一次在這種狀態下還能寫字。因此在等待這場病過去、不知原來的「我」還會不會回來之際，我寫了以下內容。

二○一四年十二月十日

沮喪……看不到盡頭。我想這是我的腦子在說：「你太過份了，欺人太甚，現在我要換季休館了。我要把你關掉，而且還要確定即使你想做什麼也無計可施。」某方面來說，這就是生存：當你的想法對你宣戰，讓你覺得自己沒朋友、被人討厭或遺忘時，就表示你的大腦關閉了，只留下一團朦朧的迷霧。我在那團迷霧裡待了大概一週，感覺就像我和某個失聯已久的惡親戚重逢，一位來自過去，我依稀認得的人，然後我想到：喔，對了，是憂鬱症。我現在想起來了。身體

健康時，你不會去想自己曾罹患憂鬱症，也許是因為它太可怕了，所以心智巧妙地將它從記憶中抹去，只是你沒料到它會再回來。現在既然我的憂鬱症復發了，也領悟到這種跟自己的身心分離的感覺就是憂鬱症。

這次的發作不同以往。以前憂鬱症發作時我會恐慌，害怕原來的我失去了蹤影，擔心我原本的個性會不見了，取而代之的是這個新的、消沉的自己。而現在就算在這團混亂中，我多少能知道這只是暫時的：我只是剛好得了這種病，而得了這種病就是會失去身份認同感。也就是說，我的心智只是暫時離開了它的辦公室。

我一直都知道憂鬱症遲早會回來。我知道沒有什麼神奇療法，所以我試著修習正念，為它的到來做好準備。也許這就是我能綜觀一切的原因，而不是困在黑暗裡，什麼也看不到。

我很同情那些罹患憂鬱症，跟我有一樣的感覺，卻還得上班的人！你們不得不背負著這沉重的負擔，還得設法把它隱藏起來，免得別人以為你愛裝病。可怕的是，如果有人要你告訴他你怎麼了，你卻說不出口。對我們這些憂鬱症患者最殘忍的人，就是我們自己。明明人都已經故障了，卻還得做個不停，好比毆打一頭奄奄一息的動物，要牠繼續前進。

我很驚訝有這麼多人繼續工作，努力裝得好像什麼問題也沒有。這些人勇氣可嘉，應該要授與他們爵位或頒給他們紫心勳章之類的東西，因為罹患憂鬱症時，全世界最難做到的事，就是你覺得自己已經不再像人了，卻還得持續表現出像人的樣子。

我很幸運自己在憂鬱症發作時不必上班，因為我做的不是朝九晚五的工作。我可以就這樣躺在這裡，當自己的保母，等了又等，一等再等，等那遮蔽太陽的龐然大物遠去。

我沒辦法讀書，我不好笑，無法真的說話、起床或出門散步。不過這次我不怕自己得憂鬱症。我研究過知道這病就是這麼一回事。我也不覺得丟臉，不覺得自己是在無病呻吟，而且還能迅速振作起來。恐懼是這病的徵兆。我感覺自己處於全面緊急模式，因為化學物質已經開始淹沒我的大腦，並且大肆破壞。這病光靠想法是康復不了的，它控制了你，你卻拿它沒輒。我必須不斷告訴自己錯不在我，心理跟生理並無差異，大腦與身體症狀環環相扣。這是心理疾病蒙受污名的原因：大家都不把心理生病當一回事。但想想看，如果有人告訴我他得了狼瘡（在《怪醫豪斯》〔House〕影集每週都會有人得到的疾病），而我的反應是：「喔，這樣啊，不過是身體出了點問題嘛，趕快振作起來吧！」我會有什麼下場。

昨天我強迫自己出門散步，感覺彷彿每走一步，我就會掉進地心裡。我努力表現出好媽媽的樣子，一直在對自己說我做得很好，即使只是走出屋外，都是很大的成就。我還是很害怕，但不至於怕到發瘋，因為我知道這是憂鬱症，而這些是得這個病的症狀。我瞭解這怪物，我研究過它，知道它的根在我心裡紮得有多深，榨乾了我的元氣。這些我全都知道，但所有憂鬱症患者唱的那首國歌還是會在我腦中播放，不停唱著：「這情況還會持續多久？還會持續多久？」要我想出字句來寫這件事，對我來說是很困難的一件事，因為感覺就像一艘船無人掌舵。我在逼自己堅持下去，這樣我才能記得生病的感覺，而其他受這場病折磨的人，也才知道自己能夠說：「這病不是我想像出來的，我不是在縱容自己。」

二〇一四年十二月十九日

一週前，我離開了收容所，那裡收容的是茫然不知所措的人。住在我腦子裡的那個獨裁者還在大吼大叫威脅著我，要我滾遠一點，但這次我有藉口，有一張精神科醫師寫的字條證明我生病了。我不必上學，哪兒也不用去。我仍在疲於應付腦子裡的錄音檔。每次心裡湧起「我應該」如何的念頭，或回想起一段把事情搞砸的記憶，感覺就像有人往我心裡打了一針，直接把毒藥注入動脈裡。我試著轉念或接納這些痛苦的「我應該」的念頭，彷彿我是自己的保母，正試著安撫

我這個生病的孩子。

二〇一四年十二月二十一日

身體生病了往往找得出原因。你可能會對自己說：「我當然心情不好，因為我有傳染病或是染上病毒」如果得了失智症，至少你可以說你可能是最後一個知道有哪裡不對勁的人。但如果是憂鬱症，你很清楚自己不見了，而剩下的你，是個只能上廁所和找東西吃的僵屍。就只能這樣而已。

二〇一五年一月二十五日

我起床，發現它不見了！這怪物無聲無息地到來，也同樣靜悄悄地溜走。我差點以為這是一場惡夢，但接著我領悟到，我剛才真的不在外面，而且有具體證據可證明此事：床頭的掉髮和破爛的睡衣。就像一頭冬眠許久的動物，我偷偷往外望，清楚看見窗外的景象和燈光。然後電話響了，是這本書的出版商打來的，她說：「你憂鬱症好了沒？」我還來不及回答，她就接著說：「很好，七月一日是你新的截稿日。」

Chapter 5

六周正念課程

The Six-week Mindfulness Course

須牢記的重點

　　正念不同於生活中做的任何一件事，它並無所謂對或錯的作法。放下取悅老師或媽媽或老闆的念頭，他們傷害不了你，現在考試已經結束了，這次你不可能考不及格。即使你做錯了什麼，也一定是對的，因為你不是在試著改善什麼或清除雜念，只是注意自己心裡在想什麼而已。這套六週正念課程，是專為想要晚上睡得著、醒來時也能專注於手邊任務的那些人所規劃的。做這些練習時，不必找個與世隔絕的地方，或散發著不含麩質香氣的暗室，也不是非得在打坐蒲團上不可。我建議把這些練習納入真實生活中，因為這些練習本來就是要在真實生活中使用。

　　最後要提醒的是，你不必一直活在正念狀態中，否則可能得花上十年才出得了門，更別提把襪子穿上了。正念只是個練習，而且要在有限的時間內完成。等到你鍛鍊出新的肌肉，正念自然會流進你生活中，你將成為正念管絃樂團的指揮，不只是個被塞在後排、可有可無的三角鐵手。在之後的課程中，我會再提到這一點，但只要想練習，隨時隨地都可以。

第一週：注意與醒來

我之前曾提到*注意*的概念，現在則是要告訴你該怎麼做。第一週，我會先解除你的自動導航模式，讓你察覺到你有多少時間是在這種模式中度過的，進而運用自己的感官。

第一週的課程一開始，就是要你能聽懂「正念就是在此時此刻*注意*並接受發生的一切」這句話的意思。我聽到你在說：「我隨時都有在注意啊！有說跟沒說一樣。」我在第二章解釋過，自動導航是很有用的工具，能讓日子過得較輕鬆，可是在使用這種模式的同時，卻可能錯過沿途的風景。因此本週的練習，只要注意自己何時處於自動導航模式即可，不須譴責自己。

我知道一想到要做這些練習，你可能會想翻白眼，但如果不做這些練習，在飛機往下墜時，你就不會有能夠讓你把操縱桿往上拉的那塊心智肌肉（mental muscle）。

做完每個練習之後，我會建議幾個你可能會想思考的問題。我給你的第一個建議是：出門買本日記。你可以寫下自我反省，或只是在上面塗鴉。如果你跟我是同一類型的人，也可以在日記裡列一張沒完沒了的「待辦事項」清單。日記是你花錢買的，你想怎麼用都行。

做這套課程期間，每天都要寫日記，至少要寫幾行字，以及我會建議幾個你可能會想思考的問題。

◎練習：味覺

找一樣你喜歡放進嘴裡（在正常範圍內）的東西，無論那是什麼（巧克力、香蕉、薄荷、肉丸子……拜託別叫我繼續寫下去了，我相信你可以自己想出個什麼東西出來），都切成一口大小。

拿一小塊放在手掌心。*注意*看這個東西的外觀，不要覺得可笑（要確定沒有人在看），好似你從未見過這種東西，彷彿你是剛出生的嬰兒或外星人（看你比較容易認同哪一個）。帶著好奇心*注意*這東西的顏色、邊緣、形狀、輪廓……

舉起手臂拿起這東西，再用手把它放在舌頭上，動作要很慢很慢，期間感受自己內心的感覺。*注意*這東西的味道、形狀、重量，但不要吞下去。

約過一分鐘之後，慢慢咀嚼，注意甜味或苦味以及吃起來像什麼。*注意自己*很想把它吞下去是怎麼樣的感覺。最後，咬一咬之後，把它吞下去，秒秒覺察，感受它滑下你的喉嚨再進入胃裡的感覺。

這跟你是不是吞嚥高手無關，而是要密切*注意*並體驗你每天都在做的事。如果在做這練習時，你的念頭把你帶到別處，就再把焦點帶回味道上。

以下是建議你可以思考的 3 個問題：

· 這次的經驗跟你平常吃東西的感覺有何不同？

· 你注意到嘴裡有什麼樣的感覺：味道、口感、咀嚼、吞嚥？

· 當你不再專注於味道時，心思飄到哪兒去了？

◆ 作業

選一件你每天都會做的事，在做的同時，要試著花幾分鐘*注意*每一種知覺，包括視、聽、味、嗅和觸覺，不要思考，只要試著去感受。先不說別的，你也許注意到我每次寫到*注意*時，都會用斜體字表示，這樣很煩人所以就到此為止吧！。

這一週每天在做這件事時，都要做同樣的練習。以下是幾則建議：

淋浴

水感覺像什麼？「濕」的感覺如何？體驗你往上抹肥皂，再沖掉泡沫的動作，彷彿你這輩子從未做過這些動作。注意你的心何時佔上風，然後再把注意力帶回淋浴的感覺。

泡茶

試著慢慢感受、細細體會倒水、攪拌、聞茶香、品茶味，還有嘴唇沒被燙傷的感覺。希望你沒被燙傷，但萬一不幸燙到了……就試著感受那種感覺吧！

打電腦

體會手指敲擊鍵盤的感覺。解除自動導航模式，注意你的心何時拜託你打字。當你注意到有這種情況，就要回到手指的感覺。注意：你的肩膀是拱起的嗎？（我在寫電子郵件時的姿勢，通常很像鐘樓怪人）。

接下來這個練習真的很簡單：每天只要經過某扇門或只要坐在某張椅子上，就停下來注意周遭的情況，包括聲音、味道、景象，以及身體的覺受。喔，少來了！別以為你說你忙到連一扇門都沒空經過，就可以不做這個練習。

第二週：注意你的心也有自己的想法

從第一週開始的練習和作業，都是為了幫助你注意「思考執行腦」和「感覺同在腦」兩者之間的差異。接著你會在第二週學到如何在這兩個腦之間切換焦點。記得：當你注意到自己恍神時，就必須再把焦點切換回去，*不要想自己做錯了什麼*。對我來說，最難做到的一件事是，我是對自己最殘忍、最嚴格的人。

這週將會開始心適能鍛鍊，並且從第一回合的仰臥起坐做起。現在的你正在掌管自己的心智，告訴它聚焦於何處，就像撐竿跳運動員在經過練習之後，就會知道何時把竿子插在地上。這畫面用想像的就好，因為我自己也不是很懂。

有兩種正念練習在各種場合都能做：在火車上──如果你閉眼睛、戴耳機，看起來很像在聽音樂的樣子；在公車上（作法同上）；剪髮或染髮時；電話正在轉接，而同樣的音樂又一直反覆播放時；等牙醫看診時；在自助洗衣店時；在開無聊的會議時（眼睛要睜開！）。

◎練習（一）：身體掃瞄

至少練習十分鐘，不過如果還有時間，就練習二十分

鐘。開始做之前，先選好固定時間，之後就要堅持下去。

　　這是正念的精髓。把身體特定部位當作心錨，再把焦點帶到每個部位，如此一來，當思緒設圈套引誘你（它們一定會這麼做），你就能把焦點帶回原處（把整個過程想成是一次仰臥起坐）。記得：注意心思何時飄走，再把它帶回來。**越常重複做這件事，你的「注意力肌」就會越強壯。**

　　首先讓背部離開椅子，這樣脊椎才能自行出力支撐，但不會僵硬。肩膀放鬆，雙手置於大腿上，眼睛張開或閉著皆可。若是盤腿坐，腰桿要挺直，肩膀一樣要放鬆。

　　把焦點帶到與地面接觸的雙腳，不要思考，只要去感受。維持專注，當你注意到自己的心思飄走、開始胡思亂想時，不要生氣，只要再把焦點帶回踩在地上的腳底。記得：重點不是不要讓心思飄走，而是當你注意到自己恍神時，要練習善待自己。

　　過幾分鐘之後，把注意力帶回身體和椅面接觸點，感覺所有地心引力的重量都在把你往拉該處。如果發現到思緒飄走，你應該這麼做：不要苛責自己，任誰都會分心，而心本來就該四處遊走，所以要對自己好一點，把注意力帶回身體跟椅子接觸之處。現在放開注意力……

做這練習時記得要呼吸，要活著做才會有用。現在，把焦點當成聚光燈，從尾椎往上照到頸部，每節脊骨都要照到。是否感覺哪個部位僵硬、駝背或緊繃？無論注意到什麼，都不要採取行動，不要想修正或改變，只要注意這件事，然後再把焦點帶回最初的感覺。

現在，把焦點傳送到胸前及身體兩側，覺察自己的整個軀幹。吸氣讓身體鼓起，再吐氣讓身體收縮。過一分鐘之後，放開焦點⋯⋯

把焦點帶到雙手，包括手指、手掌、手背，注意手是暖和、冰冷、緊握的或放鬆的。放開焦點⋯⋯

把注意力移至肩頸，特別關注每個部位，在掃瞄時專注於不同的覺受。

現在往上移到臉部：下巴、嘴唇、臉頰、鼻子、眼睛、額頭、頭頂。你能不能感覺到自己現在的臉部表情是什麼？焦點渙散時（這一定會發生），要善待自己，然後再重新專注於之前正在注意的臉部位置。

接下來試著往內感覺整個身體：骨骼、肌肉、身體跟椅

子接觸的部位、裹覆全身的皮膚、皮膚外的空氣。試著感覺氣息從腳趾往上到頭頂，並且充滿全身，接著彷彿像是又從風箱裡離開一樣。最後幾分鐘，回到只是身體靠在椅子上、腳踩在地上、坐著呼吸的感覺。動動腳趾，睜開雙眼（如果本來是閉著的），繼續日常生活，也可以保留這種活在當下的感覺。

如果你覺得每一次練習都只能專注於身體某一處，而且實在是太痛苦了，那就大略掃瞄身體就好。只要注意哪個部位緊繃、不適、緊張或麻痺，好比正在查看體內的天氣。

以下是建議你可以思考的 3 個問題：

1. 最難和最容易專注的身體部位是哪裡？

2. 當心把你拉走時，是跑到哪兒去了？它跑去的地方是有主題的嗎？

3. 發現自己心不在焉時，你第一時間的反應是什麼？

◎練習（二）：把聲音和呼吸當成心錨

這個練習要做十分鐘，想做二十分鐘也可以。

用自己的感官健身非常方便，因為你人在哪兒，感官就在哪兒。不必找健身房，也不必大老遠跑到馬爾地夫的靈修避靜所。因為所需要的每項設備，你都已經隨身攜帶了。

做這個練習時，必須專注於聲音和呼吸，而且不須用身體某些特定部位當心錨來維持穩定。

背部不要靠著椅子，脊椎挺直但不僵硬，頭頂向上提，注意力移到貼著地面的雙腳腳底，穩住自己。接著將注意力切換至身體跟椅子接觸的那幾個點……過一會兒之後，放開那些覺受……

現在把注意力移到聲音，專心聽……往右聽、往左聽、往前聽、往後聽，試著專注於不同的聲調、語調和音量。過一會之後，你可能會注意到自己開始幫這些聲音貼標籤，或評判自己喜不喜歡這些聲音。如果不喜歡，或心已飄至他處，就注意／善待自己／重新聚焦。這種情況會發生好幾百次，而你也要溫柔地把注意力帶回到聲音好幾百次。放開注意力……

現在把焦點轉移到呼吸，專注於呼吸，方法跟聽聲音時一樣。選一個身體部位，例如鼻子、喉嚨後方、胸腔或腹部，只要是感覺最舒服的部位即可。舉例來說，如果是鼻子，看

你能不能感覺自己吸入涼爽的氣息，呼出暖和的氣息。感覺身體的擴張與收縮，越仔細越好，讓氣息自然呼吸，而不是你在控制呼吸。注意在吸氣與吐氣的間隙有哪些情況發生。

假使很難把心思維持在呼吸上，就試著將每次呼吸數到十，然後再繼續吸氣／吐氣一次，吸氣／吐氣兩次，依此類推。要是忘了數到幾，就猜想剛才大概數到哪，再繼續往下數。**記得：不用管自己做得對不對，只要注意自己的心何時飄走即可。**當你注意到自己正在回憶過去或遙想未來，正在胡思亂想或心不在焉，就再回到最初呼吸的部位，知道無論身在何處，只要注意到自己心神不定或思緒渙散，隨時都可以把呼吸當成心錨，重新專注於呼吸。

以下是建議你可以思考的 3 個問題：

1. 這個練習跟你每天聽聲音和呼吸時的情形有何不同？

2. 專注於聲音時，你發現最難做到的是什麼？專注於呼吸時又是什麼？

3. 當你的心設圈套引誘你時，你記得它是跑到哪裡嗎？是想到過去、未來，是煩惱、規劃、想像，或只是放空？

◆作業

接下來六天，你可以選擇每晚都做這兩種練習，也可以輪流做。

既然學了專注於呼吸和身體，以下有個方法，可以在大腦疲於應付壓力時，快速讓心安頓下來，叫做「三分鐘呼吸練習」。

※ 三分鐘呼吸練習

一般人想放鬆時，可能會看電視、踢足球或找三五好友到酒吧喝酒。但問題是如果考試在即，或不久就要在五百名觀眾面前演講，或即將有場工作面試的時候，就不能去踢足球或看電視。那麼只要在這些令人神經緊張的挑戰來臨之前，你已經先練習過正念，就可以做三分鐘呼吸練習，而且隨時隨地，想做就做。

這個練習分為三個階段，每個階段持續一分鐘左右。

一、把焦點擴大到覺察心裡的每個念頭，把它們全部邀請入內，任由心念奔馳：善念、惡念、邪念。約過一分鐘後，放開焦點……

二、縮小焦點，只覺察呼吸精確的覺受，專注於氣息經過鼻子、喉嚨、胸腔或腹部的深層呼吸，感覺吸氣時肺部擴張、吐氣時肺部收縮。約過一分鐘後，放開焦點⋯⋯

三、再次把焦點擴大到呼吸充滿全身的感覺，從頭頂往下經過身體到腳趾。在一次吸氣、吐氣之間，感覺氣息像是從大風箱裡排空一樣。

試著一天做兩次三分鐘練習，讓自己休息一下，別理會心裡那些喋喋不休的聲音，尤其是當你感覺自己的心因為狂講電話／狂寫電子郵件，或因為心中有恨而騷動不安時。我保證：做完練習之後，你的感覺會好很多。

第三週：正念動作

將上述坐著做的練習，想成坐在琴椅上練習從音階彈到曲調，以強化自己在最後可以輕鬆彈奏拉赫曼尼諾夫的能力。如同芭蕾舞者扶著橫桿練習，不是只為了把基本站姿做得更好，而是希望有朝一日能在《天鵝湖》演出。練習正念，就能將定錨的技巧應用於日常生活中。但不會有人要你加入莫斯科大劇院。

大腦的範圍不只是在脖子上方，而是會沿著脊髓持續傳遞訊息。脊髓向外擴散成數百萬英里長的血管（聽說這長度足以環繞地球三周），血管則將血液輸送至全身數兆個細胞。心智止於何處，身體又始於何處，兩者間並無分界線。身和心就像連身衣一樣，兩者是一體的，彼此持續著溝通，以詮釋來自外界與內心的反饋，創造出你所在的現實。

　　正念運動，是一種讓大腦與身體結合的方式。許多人認為身體不過是一袋我們不得不拖著四處走、像大背包似的皮膚。所以我們以為植入什麼到身體裡或抽脂，或是在健身房跳上跳下地運動、揮拳擊打，讓身體更緊實，就是有在注意自己的身體，卻從不把身體當成自己的一部分去理解。

　　我們把自己逼到極限，甚至超越極限，還為此沾沾自喜。這就是為什麼你會聽到有人說：「我逛街逛到腿軟。」「現在才七月，我就已經把每張聖誕卡都做好了。」「我一週內減了四十五公斤，雖然現在要靠機器維生，但我可以穿六號衣服了喔。」

　　我見過一名體適能教練戴著護腰出現在健身房，彷彿那是他戰時英勇救人受的傷。為了保持身材魁武，他每個椎間盤或諸如此類的部位全都移位了，殊不知受這傷也是他咎由自取。他以為這是怎麼回事，難不成是有顆隕石從天而降害

他受傷嗎？你會聽到健身房傳出陣陣慘叫聲，活像這些男性剛用鼻孔生孩子似的。

我有個朋友以前常打著做瑜珈的名號，把兩條腿抬到頭上打結，還得意洋洋地告訴我她得置換股關節……因為她的身體就是這麼柔韌。

身體的感覺反映了想法，而正念運動就是在覺察這些感覺。身體緊繃僵硬的人，想法可能也很固執僵化；總是駝著背，肩膀高聳到耳朵的人，可能正陷入憤怒或憂鬱狀態。除了這些感覺之外，我們也可能會生自己身體的氣，因為它沒做到我們想要它做的事，也因為我們突然恍然大悟，知道無論做了多少踏步運動，最後身體都會支離破碎。然後等身體不再緊實、體力也衰退時，我們反而越來越拚命摧殘身體，懲罰它讓我們失望，而不是感謝它陪我們走這段路（對了，有件事我持續做到現在：我不僅還在鍛鍊身材，而且能邊打字邊做臀肌緊實運動）。很少人會傾聽身體正試著告訴我們什麼，因為我們太沉溺於自己的想法。身體可以是很棒的氣壓計，讓我們知道自己的真實狀況，而不是我們自以為是的樣子。

正念運動能讓你覺察身體的每個部位，並且留意是否有任何緊繃或抵抗之處。同時也注意你的心何時在試著把你

帶走，用無止盡的惡評製造緊張局勢。例如「我為什麼會有這種感覺？我不要有這種感覺。」「我只是一大坨豬油，我一無是處。」我注意到少數時候，當我的身體感覺無拘無束（也許是在有人拿鐵鎚幫我用力按摩、舒緩我硬如龜殼的背部之後），我的思緒會變得更清晰，焦慮會減輕，別人也會覺得跟我相處很愉快。如果我平常以爬蟲類的模樣生氣，肩膀都可以高聳到拿來當耳罩戴了，鐘樓怪人的姿勢度過一天的話，那天的我就會很難相處。身體的感覺是想法的顯化；你跟自己想法的關係，就是你跟別人的關係；你對人的反應，就是你對這個世界的反應。所以注意身體內部，有如從事一場心靈避靜，遠離心中的法西斯獨裁者。因此掃瞄身體，尋找緊繃部位，然後解除這種緊繃狀態，是一種讓自己不再煩惱的方式。

只要勤加練習，就能覺察到自己何時是在限度內努力，並且如何鞭策自己呈現出好結果，卻又不至於感到痛苦。一旦提高這種對自己體能極限的覺察力，就能應用在生活中，鞭策自己到做出最佳表現即止。一旦身體發出「太痛了」的訊息，你也會聽到並決定到此為止。

請注意：有些人是反其道而行，而且反得有點過火，變得動也不肯動，連一次仰臥起坐也不肯做（請看*沙發馬鈴薯*），淨說些像「我生下來就胖」之類的藉口。你見過一出

生就過胖的嬰兒嗎？應該沒有吧！只要專心聽，身體就會讓你知道它何時需要更努力，何時又需要休息。

正念減壓（MBSR）比正念認知療法更早出現，創始人為喬‧卡巴金（Jon Kabat-Kin），他是分子生物學家，也是麻薩諸塞大學醫學院名譽醫學教授。他治療的對象主要是因受傷或疾病而長期飽受疼痛，連醫生也束手無策的人。他告訴患者：與其壓抑或忽略疼痛，不如把焦點傳送到感覺不適的部位，聚焦於原本的覺受（悸痛、博動、刺痛）。如此一來，能讓病患的心停止接連不斷的災難性想法，而病患也會開始注意到自己的疼痛並非一成不變。感覺來來去去，有時強有時弱……永遠都在改變。正念減壓的治療成效斐然。雖然患者還是會感覺到疼痛，但他們與疼痛的關係改變了，也知道如何應付疼痛。這些患者能從長期飽受煎熬的籠牢中解放出來的原因在於接受疼痛每分每秒都在改變得這件事。

由此可知，本週的練習都與正念運動有關，選項有三：

（一）一般的正念運動。

（二）在健身房做的正念運動（給那些受不了正念運動的人）。

（三）行進間做的正念運動（給那些連在健身房做正念
　　　運動都無法忍受的人）。

　　以下每項練習動作都能訓練你把自己的身體當成心錨
──在心生狂亂時可回歸之處。伸展運動能讓身體感覺較不
緊繃，減輕被困在肌肉裡的感覺。做伸展運動時身心皆得以
釋放。因為活動筋骨時，流向器官的血液變多，流向大腦的
氧氣也會增加。如果身體很僵硬，通常心也會很執著……除
非你是史蒂芬・霍金，否則所有邏輯法均無用武之地。

　　練習正念運動時，不要在下列場所做：火車上，計程車
上，排隊時，在牙醫的候診室（除非只有你一個人），公司
的會議室（如果四周都是玻璃、別人看得到裡面的話）。我
其實不大在乎別人怎麼想，所以我會在以上每個場所做正念
運動。

◎練習（一）：一般的正念運動

每天做這些練習十到二十分鐘，持續六天。

轉動頭部

雙腳微開站立，脊椎挺直但不僵硬，肩膀放鬆，頭頂向上提。現在把焦點帶到頭頂，讓頭的重量慢慢把你拉向右邊，右耳往右肩靠。維持這個姿勢，注意自己的感受。你正在施力讓頭更靠向肩膀，或是讓頭自然低垂？頭部繼續維持這個姿勢，同時掃瞄身體，尋找其他任何緊繃的跡象。現在加上呼吸……把呼吸當成一道光，幫助你找到哪個部位緊繃著。吸氣時，把注意力傳送到頸部左側拉緊的部位，吐氣時則放開。當你的心暫停思考時，可能已不再注意身體的感覺，而是飄到別的地方去了。如果注意到有這種情況發生，就再把注意力傳送到感覺緊張的身體部位。現在，頭慢慢回正，之後再往左肩靠，每個動作都要專心。吸氣，現在把注意力帶往頸部右側拉緊的部位，吐氣時放開。把注意力往上帶到正中央，並覺察這個練習的效果。現在放開注意力……每邊再重複做兩次。

轉動肩膀

把注意力帶到兩側肩膀。肩膀都往上提，慢慢往前繞五圈。試著留意做這個動作時的每種感覺，注意自己何時太用力，或者身體其他部位是否太緊繃。繞到最低點時，讓肩膀自然下垂，不要用力放下。聳肩時吸氣，繞圈時吐氣，利用呼吸將注意力集中在動作上。現在反向做同樣的動作，並且做五次。你還在呼吸嗎？肩膀回正，覺察做這練習的效果。放開注意力……

側腰伸展

雙臂高舉過頭，掌心相對，把注意力帶到兩隻手臂，感覺雙臂的重量。雙臂平行置於頭部兩側，慢慢從腰部往右彎，彎到你可以感覺緊繃的程度，卻又不超過你能忍受的範圍。注意你的心是否跑到九霄雲外去了，如果是的話，先別苛責自己，重新專注於伸展動作。身體回正打直，雙臂仍高舉過頭，接著身體往左彎，感覺腰部左側的肌肉擠在一起，右側則是拉長伸展。身體再次回正打直，雙手放下置於身體兩側，感覺伸展的效果並放開注意力。左右側各重複做兩次。

身體前彎

身體打直站好，頭抬起來，雙腳打開與臀部同寬。吐氣，慢慢往前彎，由頭部帶領，感覺頭的重量把你往下拉，一次一節脊椎（繼續呼吸），直到臀部翹高，換地心引力接手。就算你只移動了 3 公分，也別用力壓，重點是要覺察到身心的狀況。再次吐氣時，抬起身體，脊椎一節節打直，有如正在疊骨牌。挺直身體站立，直到感覺頭部與頸椎成一直線。覺察這練習的效果。再做一次。

貓式伸展

四肢著地，肩膀在雙手上方，臀部在腳踝上方。吐氣時，慢慢將脊背拱起，像一隻生氣的貓。吸氣時，背部往下壓，頭抬高，臀部翹高。重複做三次。

身體前屈

坐在地上，雙腿往前伸直，頭往前傾靠向膝蓋。跟之前一樣，要注意身體的感覺，而不是上半身能壓多低，即使只移動了一點點，也別勉強自己。試著保持身體壓低的姿勢，吸氣、吐氣，把焦點傳送到任何疼痛或似乎感覺緊繃的部位。完成這個姿勢時，注意是否有任何變化？重複做兩次。

躺姿屈膝扭轉

現在仰躺在地上，雙腳併攏騰空，膝蓋呈九十度彎曲。雙臂伸直平放地上，與身體呈直角。吸氣時，腳維持併攏彎曲姿勢，向右側地板放倒，並且用腹肌穩住身體，感覺動作的每個細節。盡量往右側放倒，注意伸展的感覺，把氣息帶到左側。吐氣時，雙腳回正；吸氣時，雙腳慢慢往左側放倒，感覺身體右側的伸展。吐氣時，雙腳回正。

如果背部感到病痛，可把腳放到地上，膝蓋盡量往左或往右倒，腳和腳踝隨後。採用這個姿勢時，頭可轉向另一側，讓身體多伸展一些。左右側各重複做兩次。

◎練習（二）：在健身房做的正念運動

走路、跑步、游泳、坐在電腦前或參加宴會時，掃瞄自己的身體，尋找任何緊繃的部位，再把氣息送至該處。記得：**每次把注意力傳送到某種身體的感覺，都不是在偷懶，而是在增強大腦自我調整的功能。即使每天只做一分鐘，也會有效果。**如果你手邊剛好有一部掃瞄儀，去看看大腦斷層掃瞄的結果就知道了。

一定會有人覺得正念運動無聊到不值得一提，也慢得令

人難以忍受，但這些人定期在做運動時，必定也能念念分明。所以如果你想戴著一頂寫著「我好棒」的棒球帽，發瘋似地跳上跳下，同時又有個體型像綠巨人浩克的教練在對你咆哮著：「壓到你哭出來為止，我要你做到耳朵流血！有付出才會有收穫！」的話，只要注意自己正在鍛鍊哪個部位，正念的效果肯定會比心不在焉要來得好。除非專注於正在鍛鍊的身體部位，否則跟這些部位相對應的腦區便無法增生新的神經元。好比是彈琴的人如果未專注於手指的動作，絕對彈不好鋼琴。所以無論你是在推、拉、吸入或彎曲什麼，都要覺察自己在做什麼。若只是開啟自動導航模式做這些事，你最後可能會看起來像是一隻戴著護頸，虎背熊腰的猩猩。

建議以下幾項快速激烈的運動。

踩室內腳踏車或跑跑步機

通常你練習時間多久，這些運動就做多久，但試看看每個練習約做二十秒。可以利用設備上的計時器，或試著數二十次呼吸。

在騎腳踏車或跑步時，把注意力傳送到雙腳，尤其是與踏板或跑帶接觸的那幾個點。感覺每個動作，然後呼吸。過二十秒之後，放開注意力……

如果你是在踩腳踏車，就把注意力帶到與座墊接觸的骨盆區和腰部、臀部（也就是穿合身內褲時會被遮住的部分）。把氣息帶入你在這些部位體驗到的所有感覺。注意你的心是不是飄走了，如果是的話，先別責怪自己，重新專注於那個內褲區就好。如果你是在跑步，就專注於同樣的部位二十秒，然後放開這感覺……

　　接下來二十秒，先把注意力轉移至尾椎，再一路往上到肩膀。從內感覺你的姿勢像什麼：你是駝背的還是緊繃的？肩膀是往前或往後？要注意，但不要改變，然後放開注意力……

　　接下來這二十秒，感受雙手在握把上的感覺，或只是感受雙手的感覺。你的手是緊握的、無力的、還是麻木的？注意你的心何時把你帶走，然後把心帶回雙手。放開你的心……

　　把注意力帶到頸部和臉部。你的脖子是往前傾、往後傾、緊繃的或平衡的？掃瞄你的臉部特徵：下巴、下顎、嘴唇、舌頭、鼻子、額頭、頭骨。你現在臉上是什麼表情？看起來像凸嘴石雕怪獸嗎？這個練習一樣做二十秒。

　　最後二十秒，把注意力帶到全身，從雙腳往上經過身體

到頭頂。吸氣時像氣球一樣充飽氣，吐氣時把氣排空。放開注意力⋯⋯

如果發現自己無法專注於以上任何一個部位，此時最要緊的是不要苛責自己。回頭去做你通常在踩腳踏車時會做的事。如果你需要靠看音樂影片、戴耳機聽音樂、或細讀《熱力》（*Heat*）娛樂雜誌讓自己分散注意，那就做吧。如果你注意到自己正在這麼做，這就是正念，即使你念念分明在看的是音樂影片。

二頭肌啞鈴彎舉

右手持啞鈴（平常健身時使用的重量）或一罐豌豆，或隨便拿個東西。一開始手臂先垂放身側，然後吐氣，彎曲手肘，再將啞鈴舉至肩膀高度。吸氣，手臂放下置於身側，試著注意哪裡可能有劇痛感，掃瞄身體，察看是否有哪個彎舉時未施力的部位也很緊繃。左右手各做十次。如果覺得次數太多，就減至五次。

三頭肌啞鈴彎舉

右手持啞鈴，接著手臂舉高伸直貼於耳側。吸氣，手肘往後彎曲，啞鈴落至右肩後方（彷彿正伸手到兩肩胛骨之間

抓癢）。吐氣，再次高舉手臂。左右手各做十次，等動作更熟練，即可增加次數。

捲腹

屈膝仰臥，雙腳打開平放地上，約與臀部同寬。雙手置於腦後，吐氣，縮小腹，然後上半身往上捲起（脖子不要用力），彷彿肚子挨了一拳。掃瞄身體，確定只用到腹肌，沒動到其他肌肉。吸氣，躺回地上。重複做五到十次。

仰臥抬臀

屈膝仰臥，雙腳打開平放地上，約與臀部同寬。吐氣，臀部縮緊抬高，背部拱起，肚臍朝天。維持這個姿勢，繼續收緊臀部，感覺大腿後方隱隱作痛（不是劇痛），然後躺回地上。這就對了：你不但能念念分明，臀部也變緊實了。重複做五次。

◆作業

把你在做這些運動時觀察到的情形寫在日記裡。

以下是建議你可以思考的 3 個問題。

1. 當你在做這些運動時開始練習正念，是否覺得這些運動有所不同？

2. 你是否能記得心在飄走時想到的任何念頭？

3. 你在維持某種姿勢時，是否注意到任何變化，如果有的話，是什麼便話？

這週還是一樣，一天做兩次三分鐘正念呼吸練習，時間可以安排在你注意到自己思緒渙散、變得焦慮時，或純粹是想回到當下時。

◎練習（三）：行進間做的正念運動

街上彎舉

你不上健身房，也從不運動嗎？這個運動就很適合我這種人。你知道自己正提著好幾袋重物，感覺兩隻手臂都快從腋下被扯斷了嗎？發牢騷無濟於事，只會感覺更挫敗。反正橫豎都得提重物，何不試著利用這段時間練習正念，也鍛鍊肌肉？走路時，就算趕時間，也可以將右手的袋子舉至肩膀高度，維持不動數到十。就像舉重時，要專注於感覺疼痛的部位，再將氣息帶進那裡。在街上時，要掃瞄身體，察看身

體哪裡緊繃，這一點很重要，因為我們習慣在提重物時聳肩或繃著身體（我不知道為什麼有些人很樂意到健身房舉重，但出門在外時卻不肯善用提重物的機會）。現在換左手，重複這個動作。

舉袋

我也會當街做三頭肌彎舉動作，因為我真的不大在乎別人怎麼想我，反正也不會有人注意到。提著袋子的那隻手臂伸直向上舉，貼於耳側，再往下彎，袋子往下落到背後。舉起袋子，手臂伸直數到十。換手重複這個動作。覺察你體驗到的所有感覺，如果你的心度假去了，就把它帶回來。

推拉購物車

推購物車有助於鍛鍊、伸展手臂。跟平常一樣，雙手緊握把手，把推車往自己的方向拉（裡頭裝滿東西更好），然後把推車推走，接著再往自己的方向拉回十次（肩膀不要用力，只用手臂出力，否則你會像我媽一樣長出兀鷹翅膀）。現在掌心朝上握住推車把手，重複以上動作。

購物車伸展

握住購物車把手，讓購物車往前滑，身體背部與地面平行，藉此拉長、伸展背部（如果你人還在商場，就假裝東西掉了正在地上找）。站直身體，重複做五次。

用行李箱健身

你是否人在機場或火車站，而且已經遲到了？就算是，在你跑步想趕上那班飛機或火車時，也別緊張。專注於雙腳與地面接觸之處，別一直用「你這白癡又遲到了！都怪你自己，計程車都到了還在泡澡，每次都這樣」這種想法批評自己。身體挺直，肩膀放鬆，握住固定在滾輪行李箱上的拉繩。把行李箱拉向自己，再把它推走，維持這個姿勢數到十。這不僅能念念分明地幫助你壯大二頭肌，而且還趕得上飛機或火車。

也可以在牽大型犬時試著做這個動作。不過我不建議，因為你可能會不小心把狗勒死。

電梯

電梯是伸展身體最理想的運輸工具。把一隻腳放在扶手

上（如果可以的話），身體往扶手方向彎，伸展站著的那隻腳後側。換另一隻腳，重複這個動作。接下來，站著把一隻腳往後彎，手抓著身體後面的那隻腳踝，伸展大腿肌。換另一隻腳，重複這個動作。如果你是搭電梯前往紐約帝國大廈或倫敦碎片大廈的頂樓，就還有時間繼續做下一個運動。躺在地上一次抬一隻腳，做伸展運動，甚至可試試下腰，真的，搭電梯時幾乎什麼事都可以做。如果電梯裡還有別人，別理會他們，因為你的身材會變好，他們不會。

在行李轉盤前或在任何地方伸展

在等待行李出現或排隊時，要有效利用時間。不要大吼大叫或生悶氣，因為你又不是不知道這不會讓你比較快拿到行李，或使隊伍移動速度加快。所以好好利用這個機會伸展頸部、轉動肩膀、伸展腰側。還在等？試試下腰。如果你是有覺察地在做這些運動，而非尷尬地四處張望，就是在保持正念。

肩背包伸展

這是專為背肩背包的人所設計的動作……把背帶背在一邊肩膀上，然後頭往另一側肩膀傾，感覺頸部充分伸展。再往肩膀傾一些，便可感覺到腰部的伸展。記得要換邊，不然

你就會發現自己斜頸了。

第四週：感覺與情緒的正念

我們已經把注意力的焦點傳送到雙腳、座位、聲音、身體和呼吸了，現在要把焦點傳送到感覺到情緒的身體部位。過程完全相同：你會感覺到身體是有情緒疼痛的，就像在伸展身體或運動時，會感覺疼痛或緊繃。兩者的概念都是要接近感覺，而非逃離感覺。如果你心裡想著：「我不要這些感覺，我要它們走開」的話，它們就會更使勁地吸引你，也會逗留得更久。

各種化學物質的混和物正在你的血管裡不停流動著，引發感覺與情緒。既然你永遠無法弄懂搞中的運作方式，那就好好體驗吧！別想詮釋。但如果你是詩人的話，想詮釋就詮釋吧！單純地覺察一種感覺——生理或情緒，能讓你繞到負面的自我對話下方，也表示你不必掀開記憶的瘡疤。如果你很快捕捉到這感覺，並全神貫注在這感覺上，就能打消想用口頭詮釋的念頭。其重點是要在著火前先撲滅火苗。

之前我透露過我對憤怒成癮（但現在好多了）。大發雷霆曾是我最喜歡的嗜好。出門在外時，我會追補停車收費員，

藏身樹後等他們，然後跳出來，比黑鴨子還瘋。就算這樣，他們也從未撕掉開給我的停車單，但生氣讓我感覺很好，還能滿足我的癮頭。只是隔天我會因為發洩怒氣而出現後遺症。

唯有當我覺察到自己這些危險的思維模式，以及這些模式對他人造成的影響時，我才開始解開身上那件緊身衣的綁帶。我領悟到每次的發怒就是在強化這習慣，也因此更難戒除。

每次運動時，我都會注意到我在身體某些部位感覺到熟悉的疼痛。就算暫時不痛了，隔天同樣的部位又會疼痛起來。我學會與疼痛共處，把它們當成老朋友。起床時我會說：「哈囉，膝蓋疼痛的老毛病又回來了，你好嗎？」「沒錯，頸部又痙攣了，你好啊！」同樣的作法也適用於情緒：當熟悉的情緒出現時，要學著辨認這些情緒，然後跟它們打招呼：「嗨，心痛，你昨天不就來過了嗎……還有前天……以及大半輩子？歡迎回來。」我們都有某些反覆出現的情緒，那是我們情緒的主題曲。

只要接受已存在的事物，別推開，別抱怨，也別否認，這些感覺的強度、知覺或位置就會改變。如果感覺變得太強烈，就把焦點帶回呼吸上，或直接回到最初的感覺。等調適好心情，就再回到呼吸的感覺上。

◎練習：正念情緒

練習五到十分鐘。

記得：做這些練習時坐哪都行，或者如果你真的很討厭坐著，那麼在任何地點、用任何姿勢做都可以。如果你剛好坐著……就背挺直往前坐，頭頂向上提，把焦點帶到兩隻腳上。放開焦點，把注意力帶到呼吸上，別勉強，要讓它順其自然發生（如果覺得數十次呼吸會比較容易做到，那就數吧）。現在擴大焦點，接納身體任何可能正在分散你注意力的情緒感覺。等找到這個部位，就聚焦於該處，帶著好奇心察看，不要批評。它是什麼形狀？是搏動、跳動、刺痛或發癢的感覺？

◎練習：處理困境

你可以在做完前一項練習之後，緊接著做這項練習，也可以分開做。練習時間為五到十分鐘。

坐著，聚焦於呼吸，回想某個困境，可以是當下仍在生活中發生的事，也可以是往事，一個讓你感到憤怒、憎恨、焦慮、壓力的情況，任何依然刺痛著你的情況。要覺察你不是因為想傷害自己才喚起這些負面感覺，而是要承認、善待

這些存在著的黑暗感覺……反正就算你沒意識到，這些感覺都在那裡。用慈悲、關懷的態度面對它們，就像對待正在受苦的朋友。而且，一旦辨認出那是什麼感覺，就要特別注意這感覺所在的部位，並把它當成心錨。在即將做完這個練習之前，要想像一件美好的往事，看你的情緒是否與這個正面經驗產生共鳴。注意：你可以切換至腦中較正向的影像，藉此影響自己的情緒。如果情緒變得太強烈，就重新聚焦於某種正向情緒。最後幾分鐘，把焦點帶回到呼吸，回到你感覺更平靜、更安住於當下的時刻。

接下來六天，要在日記裡寫下你自己正念的感覺。

以下是建議你可以思考的 3 個問題。

1. 你在做這個練習時，回想起哪種情緒？

2. 畫一張人體圖，標出這個情緒出現的部位，以及它的顏色、形狀和大小。

3. 再畫一張人體圖，標示出在做這個練習期間出現了哪些變化。如果有的話。

這週還是要試著做三分鐘正念呼吸練習，一天兩次。

第五週：正念思考

　　想法如同情緒，可能變成一種強迫性的習慣，有時可能會浪費大腦空間，有時又有點用處，因為詩、藝術、文學、語言、溝通、文明……等皆源自於此。我會不斷地說：想法好的時候，就好得不得了；壞的時候，就壞到骨子裡。我們的任務，是挑出並選擇利用這些想法，而不是被它們利用，這就又回到正念了。正念就是改變你與自己思維關係的最佳典範：學習輕鬆地坐著，選擇何時抓住某個想法，以及何時放下這想法。

　　如果用一顆更清澈、更安定的心觀察自己的念頭，那麼毫無疑問地有些寶石可能會出現在這片黑暗混沌中，化身為絕妙／好笑／創意獨具／別出心裁的想法。

　　有時當我在練習正念時，會有很棒的想法從一片漆黑中冒出來，於是我坐在那裡，像個瘋子似的狂笑。一做完練習，我會搶在這想法又沉入黑暗前速速拿筆記下。正念不是像死掉的僵屍一樣坐著，而是要你觀察自己的想法，假以時日，應該會比較容易分辨哪些想法獲勝，哪些則是一出現就要沖掉的垃圾。有人說：最有創意的想法發生在不力求創意時。這就是人總是在淋浴時恍然大悟的原因。或許那些淘金者的情況也類似：突然間，他

們注意到泥濘中有東西在閃閃發光。有時我會注意到泥濘中有個很棒的句子躺在那裡，對，就是這種感覺。

"

※ 當自己的治療師

處理強烈的情緒時，你會後退一步，離它們遠一點；同樣地，你也能學著抽離自己的想法。有了正念，你就是自己的治療師，聆聽自己深層、黑暗的念頭。就像精神科醫師不會提出任何批判一樣。你的心在未受到威脅或不覺得恐懼時，會向你揭露你是誰，然後你就能擺脫那些限制你的破壞性想法，進而創造出新的想法。如果不往心裡看、不覺察，就會困在習慣裡，老是在舊調重彈，像一根卡在黑膠唱片溝紋裡的唱針。

◎ 練習：正念思考

接下來這六天，每天練習十分鐘。

坐在椅子或軟墊上，背挺直，不靠著任何東西；頸椎打直，頭部穩住不動。感覺雙腳平放在地上，身體重量在椅子上。把焦點帶到呼吸（每次呼吸數到十，如果這麼做有幫助的話）。注意心何時飄走，然後再把焦點帶回呼吸。把覺察範圍擴大到聲音，只要聆聽，不要刻意找聲音，要讓聲音自

動傳到你耳裡。

現在把注意力帶到自己的念頭，觀看有哪些念頭浮現，就像讓聲音傳進耳朵裡那樣。如果你喜歡，可想像這些念頭是不斷掠過天際的雲朵，有些很重，有些很輕，有些在打雷，但每朵雲都一直在移動、變形，而你卻未曾使力。如果這方法不適合你，就想像你正坐在電影院看電影，而螢幕上，你的想法正從不同角色的嘴裡說出來。你只是坐著觀看，也許還吃著爆米花或熱狗。你可能會在某一刻注意到你已經離開座位，加入電影裡，成為劇情的一部分。察覺到這種情況時，別給自己負評，只要走回座位，拿起爆米花，再次觀賞電影即可。無論那部電影是喜劇片或恐怖片，只要坐在椅子上觀看，隨時注意自己何時出現在螢幕上。跑進螢幕又跑回來的次數越少，並不會讓你的分數越高，重點是每次發生這種情況都要注意到。如果發生一百次，就拍拍自己的背，恭喜自己覺察到有這件事發生。第二章提到過，在心飄走時把注意力帶回來，其實是更好的心智鍛鍊，因為每次這麼做，都能鍛鍊到那幾塊心智腹肌。在做這個練習的最後幾分鐘，要回到純粹只是呼吸的狀態。每次記得要呼吸或輕鬆地坐在電影院的椅子上，你就自動置身於當下。呼吸永遠都在那裡，等著帶你回到平靜、當下的感覺。

每次冥想後的想法都要寫在日記裡，每天都要這麼做。

以下是建議你可以思考的 4 個問題。

1. 當你從聆聽聲音切換至傾聽自己的想法，感覺如何？

2. 你在心飄走時使用到雲或電影院的意象，有哪些想法浮現？那些想法有任何主題嗎？

3. 當你察覺到（如果有的話）自己已經成為電影的一部分，必須返回座位時，你有何反應？

4. 爆米花好吃嗎？

第六週：總結與歸納整理

　　這週要做的是將正念整合在現實生活中，這也是練習正念的重點所在，而不是學著當一根木頭。

　　你不可能時時刻刻活在當下，隨時都在觀照自己的感覺、想法，否則你就會慢慢停下來，也許是正走到一半，更糟的情況是開車開到一半。我的直覺是只有住在洞穴裡的瑜珈修行者，或是大腦特定部位受損者，才能體驗到那種永遠

活在當下的狀態。

※上班族的一天

早上七點 鬧鐘響。無論如何想盡各種辦法把鬧鐘設定成提早十分鐘，這樣才可能有時間做五到十分鐘的正念練習（在我的六週課程裡任選一項）；如果真的擠不出時間，只要有覺察地淋浴或刷牙就好。如果沒時間刷牙，就去看醫生……和牙醫。

早上八點 如果在準備上班前，還有時間把咖啡、茶、甚至食物扔進嘴裡，或許還能咬個兩、三口，就能感受那食物／飲料的溫度、口味、大小、味道（記得：**即使只有幾秒鐘，也能改變大腦**）。

早上八點半 上車、開車（如果你是開車上班的話）。此時千萬別想專注於感官或安住於當下，因為你會出車禍。我可不希望你把這件事怪在我頭上。大多時候我們必須開啟自動導航模式，而這就是其中之一。

不過，如果你是搭公車、火車、計程車或騎馬上班，這段時間就很適合做些正念練習。以下練習可任選一項來做：

感覺兩腳踩在地上，身體在座位上，聆聽聲音，專注於呼吸，觀照自己思考。如果你因為快遲到了，而感到焦躁不安，就專注於這種焦躁不安的感覺。

早上九點 如果早上任何時候，你注意到自己有思慮受阻或的情況或覺得有壓力，可在座位上、桌子底下、電梯裡、廁所裡，做三分鐘、甚至是一分鐘的正念練習……試著一天做兩次，也許在午餐前後各做一次。在這一分鐘或三分鐘裡，如果你闔上電腦，關掉手機或只是外出散步，我保證等你回來工作時，將更有創意、更有活力、思路也更清晰。當身邊的人都疲憊不堪時，你就不戰而勝了。

下午一點 午餐時間。無論在何處用餐，咀嚼、吞嚥時都要品嚐食物的滋味，就算只有幾秒鐘也好，否則就是在浪費錢，也浪費卡路里。如果非得邊開會邊吃午餐，還是要努力品嚐食物的味道……沒有人會注意的。同時，當你把注意力傳送到「用餐」部門，也是在騰出大腦的空間。

下午四點 一般人通常是在快傍晚時開始覺得疲累，而我卻是在這時候開始踩油門加速，輪胎快速轉動，把工作做完。不過我只是在原地打轉，因為雖然我的腳仍踩在地上，但我的心理燃料卻用完了。真可惜，不過這就是我的毛病：對腎上腺素成癮，而且總是在「最後一分鐘」大量分泌腎上腺素。

我把自己載到懸崖邊，懸掛在那裡，精疲力竭。但當我用指甲摳住石縫，垂吊在崖邊時，會花個一分鐘或三分鐘做正念練習，暫時喘口氣，也不無小補。

晚上七點 你現在需要一套全新的裝備，好度過所謂的家庭生活。我建議你在見家人之前，先做點正念練習，才不會把工作時雜七雜八的垃圾帶回家。也許是花一分鐘聽聲音。你甚至不必打開音樂，只要聆聽周遭的噪音，重回感官知覺，跳脫理性思考（我不是要你在回家途中亂買一大堆東西）。你現在正試著把工作模式的你，轉換成會跟人說話、也會聽人講話的你。

晚上八點之後 如果你一直在規律地練習正念認知療法，那麼你和家人、朋友在一起時，就比較容易關閉工作模式。如果你注意到你的心還在辦公室，仍處於過度思考狀態，就轉移焦點去注意身邊的人。你現在不需要杏仁核，可以把它收起來了，跟家人朋友在一起又不會有危險……當然，除非你是馬克白（Macbeth）。

晚上十一點 上床睡覺。如果能試著做一次三分鐘練習，或許有助於你更快入睡。只要躺在那裡，允許思緒最後再狂歡一場：鑽牛角尖、擔憂、規劃、幻想、沉思、發怒。一分鐘之後，把焦點帶回呼吸上。在最後這一分鐘，把氣息呼入

身體裡，從腳趾到頭部。呼呼大睡。

一天當中，在某些特定時刻，或許正念也能派上用場。

在公車站

公車誤點了，你遲到了，現在你變成外星人，尖牙全露出來，口水也流下來。只是氣急敗壞地看錶，公車也不會更早到。如果你一直在規律地練習正念，可能不會太難覺察到你現在是外星人。我知道，看見你把自己變成白癡，像瘋子似地尖叫，卻什麼效果也沒有（唯一的效果是，被附近的人偷拍上傳到 YouTube），是很恐怖的一件事。

當眾演說

如果哪天你被點名要當眾發表演說，這裡有個訣竅。我知道方法聽起來很奇怪，但可以試著走到洗手間，把門鎖起來，坐在馬桶上（坐墊抬起或放下皆可），專注於自己的感覺。如果你開始覺得這麼做很彆扭，就把注意力放在馬桶坐墊上。

在前往演講途中，把注意的焦點傳送到雙腳與地面接觸之處。如果你在演講時緊張了起來，可偶爾把注意力帶到雙

腳，讓自己腳踏實地（是真的把腳踩在地上）。

晨間正念

　　早上起床時，我多半心神不寧，因為前一晚想像力的狂歡舞會讓我餘悸猶存（偶而夢境結束時，還會播放工作人員名單，通常是波蘭姓名）。我知道要是早上連十分鐘的正念練習都沒做，夢境的內容就會縈繞在我心頭，影響到整日的生活。對我來說，每天早上練習正念就像如廁，如果不排空體內的垃圾，整天都會覺得不舒服。我認為夢境也是如此，必須幫它們設想一些出場的策略，否則它們就會沉入你的潛意識，最後在你體內爆炸。因此每天早上我都會很有耐心地坐在床上，允許夢境進入意識，注意夢境最後會失去抓力和穩定性。以下幾則例子說明我為什麼需要溫和地清空自己的夢。

我的夢境

　　幾天前的某個夜裡，我夢到艾倫·瑞克曼（**Alan Rickman**）在一間小吃店莫名其妙拿刀刺我的上顎。然後我就到了印度的一間 **Zara** 店，像獅子一樣張大嘴，請店員借我針線縫傷口，之後還把線打成一個大蝴蝶結（夢境持續以此風格展開……）。

我把車停在禁停區，回來時發現整輛車都被解體了，只剩下底盤。拆我車的那傢伙（歹徒）告訴我，只要付五千美元，他就把車組裝回去。我不肯，於是他帶我去見他的老大。這老大長得很像伊迪‧阿敏（**Idi Amin**）。我設法逗伊迪老大開心，表演給他看怎麼把他的色情照片變成鑰匙圈。他笑得花枝亂顫，我心想：「傻子，中計了吧！看來這五千美元我是不用付了。」我離開時，正好有一群越南男童兵行軍經過，只見伊迪拿起長矛一揮，就把其中一名男孩的頭給砍了下來。他告訴我，如果想賴掉那五千元，下場就跟他一樣。我決定去領錢，於是跳進一輛白色加長型豪華轎車，整晚跑遍各提款機領錢，最後我決定用酪梨還錢。長話短說好了，因為我現在跟中國工人一起不眠不休地工作，包裝好幾千顆酪梨……現在你可以明白為什麼我有時候起床時會覺得很焦慮了吧！

Chapter 6

社交腦：正念的人際關係

The Social Mind: Mindful Relationships

在無毛的皮膚下，我們人類是社會動物。無論喜不喜歡這個事實或彼此，唯有透過人際關係，我們才能繼續生存下去。語言、藝術、文明、宗教，皆源自於建立關係的需求。倘若每個人都獨來獨往，人類絕無法走到今日（沒有 Tinder 這個約會軟體是絕對不可能的）。此外，自己一個人也沒辦法聊八卦。我試過了，真的不行。

你：你知道我昨天晚上在做什麼嗎？

你：我一個人，沒跟任何人碰面。

你：你穿什麼？

你：喔，還是那件舊的水牛皮無肩連身洋裝。

你：誰設計的？

你：我。

大腦本身是個社交器官，單獨來看，不過是個重一點多公斤的果凍狀物體，但它唯有在與其他大腦交流時才會活躍起來，而派對也是從這時候開始。大腦是透過人際互動以及與其他大腦交流才變得有條理。打從一開始，大腦的設

定，就是個要與他人建立關係的器官。即使在子宮裡，胎兒的大腦和身體也會受到環境影響。羊水夠暖和嗎？子宮會太小嗎？子宮的裝潢還行嗎？會太珠光寶氣嗎？等嬰兒離開母體、接觸到新鮮空氣時，倘若身邊沒有父親、母親或照顧者等必要人物來形塑、發展他的大腦，情況便可能變得黏搭搭的，而且是真黏搭搭，因為誰來換尿布呢？而且若少了臉部表情、親子之間的聲音的交流，以及交換親密荷爾蒙（催產素）等回饋，孩子長大後可能會發現自己一輩子都孤伶伶的。人之所以為人，是因為有說話、思考、愛恨等能力，而每一項幾乎都取決於人與人之間的關係。

> 只要扯上異性，人際關係就不是我的強項，尤其是年少時，我可能欠缺某種關鍵荷爾蒙，所以中學時期只有那些怪裡怪氣的男生才會想認識我。學校那些長得帥的男生，會把真正漂亮的女生扔進湖裡，那些女生會尖叫：「別丟我啦！不要把我丟進去！」我尖叫：「別把我丟進湖裡！」卻從沒有人來扔我。不僅男生不理我，我也老是被排除在學校的小圈圈外。那些受歡迎的女生聞得出我跟她們不同國，她們會走過來說些像「你是故意穿成這樣的嗎？」之類的話。我只有在住院治療時才找到我的族人，就算那些人會放火燒自己頭髮，或嚷嚷著諾曼大帝把秘密告訴了他們，跟他們在一起，我會覺得他們懂我，我很安全。

你可以到動物園走一趟，看看我們那些有點遠又不會太遠的表親大猩猩，牠們自動過著群體生活——建立感情，一起吃，一起玩，一起交配。幸虧我們不必幫別人抓身上的虱子卵，或不停被猩猩老大搭訕，因為我們有人際關係諮商師可以給我們建議，告訴我們哪些是比較好的溝通方式。我們能適應彼此，讓自己的內在狀態與交談對象的內在世界產生共鳴，這樣一來，當兩人互動時，相同的大腦結構會活化，於是可以跳起一場有來有往的舞蹈。這就是為什麼你會看見大家在看電影時，哭或笑的時間點都一樣。如果不相信我，只要去看《玩具總動員》（*Toy Story*），選第一排的座位，等翠絲（Jessie）唱到「她愛我」時，轉過頭看觀眾席的狀況（我得請緊急醫療救護隊把我抬出去，因為我哭得一把鼻涕一把眼淚，哭掉了兩百磅）。無論從哪個角度看，我們都是同舟共濟的一群人。

我們像病毒一樣，會互相傳遞自己的心情和情緒狀態。別以為你隱瞞得了自己的心情，對方也許不知道你究竟在想什麼，但他能清楚感覺到你正處於哪種狀態。有人在「消極抵制」（笑裡藏刀）時，任誰都看得出來，所以你騙不了誰。我們有像神經無線網路的功能：無論我有什麼感覺，都會傳給你，之後這感覺會再傳給你遇到的每個人，然後又向外擴散到你的朋友、同事、鄰居、社區、城鎮、國家……星球。你笑，全世界跟著你笑（這句話不全然正確，但你知道我的

意思……吧！）。對眾神大吼大叫，或用砸錢、扔飛彈的方式來解決問題，都無法改變這個世界。然而，只要覺察自己的內在狀態，就不會一輩子都在責怪敵人，可能只會把這種怨懟埋藏在心裡。

那麼，我們怎麼會變成現在這個樣子？是哪裡出了差錯？又是哪裡做對了？

人類人際關係簡史

德比大學（University of Derby）臨床心理學教授保羅·吉伯特（Paul Gilbert）是社交腦與慈悲天性的專家，我建議你讀他的書（當然是等讀完我的書之後）。他提醒我們，早期人類各自組成一、兩百人左右的小團體，人人血脈相連，大家彼此認識（肯定也都有性關係），必須分享、關懷，才能存活下去，即使這種方式會衍生出某些近親繁殖的基因突變（*請看*阿拉巴馬）。往好處想，大家都是一家人，都在乎彼此的福祉。要是你出門打獵（不是我，我之前說過：我們這族的人是不打獵的，想要什麼用手指一下就行了）之後就沒回來，族人會出去找你。直到今天，我們都還盼望著如果哪天自己突然失蹤了，別人也會來找我們，不會忘了我們。

想想那些電影：每個人都跑到克林費爾姆（Klingfilmi-um）星球，而雪歌妮・薇佛（Sigourney Weaver）（或較年輕的版本）穿著卡其軍褲和綁帶比基尼上衣，和一群雄赳赳的壯漢重返五千年前，拯救某個太空船燃料耗盡的人，這段時間，這個人一直被冰封在冰桶裡，等待太空版的美國航空來接他，解除他的冰封狀態。當雪歌妮・薇佛（或較年輕的版本）親吻他時，全電影院的觀眾都歡呼起來，之後兩人重返地球，過著乏味的生活。

　　反正，接下來發生的事，是部落擴張成城市，城市變成購物中心，人與人之間不再彼此關心。（所以如果我們的另一半或剛學走路的孩子在 Zara 走丟了，我們絕不會想要回去找他們。還是只有我會這樣？）當地球上的人口越來越多，必須想辦法將訊息傳遞給更多的群眾之際，網際網路便出現了。約莫此時，我們開始喪失某些人際互動技能，在電腦螢幕前變得越來越孤立（事實是臉書並不可靠，人與人必須面對面，才能真正避開文字的雷達，瞭解彼此真正的意思）。這就是為什麼公司得聘請勵志講師，教導某些全球舉足輕重的人物，諸如和睦相處、信任、慈悲等技能。很遺憾，大家並不認為這些是在攀登成功的階梯時，必須具備的特質。

　　現在我們偶爾會欺騙自己說：我們是在為公理或世界和平之類的理念奮戰，但在我（經常是冷酷的）眼中看來，我

們只是在平息自己隨便挑個敵人來攻擊的原始衝動，哪個敵人都行，無論種族、宗教或政治黨派。我們都帶有偏執、種族主義、貪婪與自私的種子，我們應該體認到：無論我們以為自己有多文明，畢竟羅馬競技場是我們建的，在那裡舉辦餘興節目，讓《飢餓遊戲》看起來像迷你高爾夫球賽的人，也是我們。我們不必培養負面行為，因為大自然已經把它免費贈送給我們了。

我們必須理解並著手處理的問題是：在文質彬彬的外表下，我們內心還是（該怎麼說較委婉呢？）野獸（尤其是我爸媽和我）。我才不管你開哪款車或身上穿什麼名牌，在人模人樣的外表下，你仍住在灌木叢裡，連上廁所都不會。

要鼓足勇氣，才能脫離自己那個因政治或宗教原因而形成的部落。但從人類整體角度來思考，這才是慈悲的真本質：不僅以自己族人為念，也替各式各樣的人著想。同樣地，這也是能包容自己不同的面向、容忍他人差異，培養出同理心的方法。是的，或許我們才能從自私自利的繭中破繭而出。同理心乃人類與生俱來的特質，每一種哺乳動物皆有之（蜥蜴除外，蜥蜴哪在乎這個）。你甚至可以在磁振造影掃瞄看到證據：回應他人的仁慈與慈悲，會活化自己的某些腦區，也會活化對方相對應的腦區。只是我們生活在一個僅以己為念的世界，導致同理心有點生鏽、故障。

理察‧戴維森（Richard Davidson）教授寫道：「我們能刻意塑造大腦可塑性的方向。例如，專注於有益健康的想法，並根據這些想法引導自己的意念，即可能影響大腦的可塑性，促使大腦往有益的方向形塑。如此勢必導出以下結論：諸如熱心、幸福等特質應該最好被視為一種技能。」

二〇一四年，我到新英格蘭避靜，帶領人是傑克‧康菲爾德（Jack Kornfield），他是臨床心理學博士，曾在泰國、緬甸、印度等地接受成為佛教僧侶的訓練。可想而知，他在禪修界是一名重量級人物。

通常如果我是獨自參加大型聚會，無論是哪種聚會，所做的第一件事就是呼朋引伴，而且我看上的經常是場中較暴躁易怒者：那些愛挑剔、好笑、又憤世嫉俗的人。當然，如果有人是同性戀，我也會網羅旗下。但避靜有一條規則是「不准說話」，那找人結黨營私又有何用？

那裡的人動不動就摟摟抱抱，每次都讓我感覺渾身不自在，想拔腿就跑，但只要不必主動去抱別人，倒也還好。時間一久，我漸漸愛上沉默不語。不必整天東家常西家短，裝得好像對這些雞毛蒜皮的瑣事很感興趣，著實讓我鬆了一大口氣。如果不講話，可以坐在人群中想自己的事，欣賞冬雪飄落在長青樹上，猶如美國賀卡上的圖片。

傑克‧康菲爾德（Jack Kornfield）是個有真本事的人。他完全安於當下，心平氣和，卻又風趣聰穎。他教我們一種叫做「正念慈悲」的正念練習……但我只是偶而想到時才練習一下。我憤世嫉俗的汗毛豎起，準備要突襲了，但他教我們做的練習，卻立刻抹去我臉上得意的笑。他請我們隨機挑選一名組員，然後要每個人凝視組員的眼睛，想像對方是個孩子，正在開懷大笑、經歷痛苦等等。接著他要我們想像對方是個成年人，要我們去體驗他的成功、失敗、困難、喜悅。我跟同組的女生素昧平生，但練習到最後，我覺得我對她的瞭解，比對我有些朋友還深。這是一種很親密的練習，但她讓我感覺自己很安全。我不再想她怎麼看我，只要凝神看她的眼睛，在她眼裡流露出人世間的每一種感情就好。似乎有一道感情的橋梁把我們銜接了起來，我們不是兩個獨立的個體，我們的心靈和心智在半途相遇。練習完後，傑克說我們剛才體驗到的就是慈悲。他不必多作解釋，我們都感受到了。

　　離開前，我意識到我愛那些穿 UGG 雪靴、不戴胸罩、充滿母性的女人，每個都愛，我還發現自己主動抱了其中幾位，幸好現場禁止拍照，感謝老天。

　　因此，雖然我們天生帶著野蠻傾向，卻也有著更多良善的特質：和平、公平、關懷、扶弱、沉著。本質上，我們是好人，但問題是，我們不常展現出這些特質，因為怕覺得難

為情或無地自容。

平均每出現五個負面想法，就會有一個正面想法，所以至少還有正面想法（我總說：有一個總比沒有好⋯⋯不好笑，但我還是很愛說）。

即使在獨處時，只要想像自己仁慈或慈悲待人，就會活化某些腦區，而這些區域，就是真的仁慈待人時所活化的腦區。類似的機制，讓我們看見別人打呵欠，自己也會跟著打呵欠，因為這機制會啟動大腦相應的呵欠區。

能瞭解多面向的自己是件好事，否則我們就無法認識其他人二元刻板形象以外的面向。或許我們之所以無法看見他人真實的全貌，是因為我們希望自己感覺安全。把自己和他人貼上諸如「友善」、「有敵意」或「害羞」等標籤，做起來相對容易。其實我們或多或少都帶有這些特質，只是如果無法認知到這一點，就會繼續相信自己內在光碟的內容：「我是⋯⋯（填入你自己的特質）型的人。」

希望你看過《腦筋急轉彎》（Inside Out）這部激勵人心又好看的迪士尼電影（我從沒想過在迪士尼出了我們這一代最偉大的哲學家米奇和唐老鴨之後，我還有機會同時用這幾個字來形容一部電影），電影中提到，每個人都有著各種不

同的人格，每種人格都有用處，就連混帳人格也是有用的。

工作時的正念

我認為慈悲與融洽相處，正是組織領導者必須激勵員工及生意往來對象全力展現的特質。現代人被要求工作要更努力、工時要更長，所以近年來曠職人數上揚，尤其是因為壓力相關疾病，因為員工被要求非達成目標不可。企業日後若想永續經營下去的的話，工作模式就非得從競爭轉為合作才行。或許應該要有某種能反映道德風氣的獎勵方式，如此一來，在工作時幫助別人，就會被記上一筆，還會領到獎品。其獎項從新的花瓶嫩妻／小白臉老公，到大家一起為你鼓掌。可想而知，我們這個時代的標語似乎是：「無論多少頭落地，願最強者得勝利。」如果馬克白活到今天，可能會名列財富五百大，還會當上高盛證券董事。

若要事業成功，就必須放下「我執」，開始更常以「我們」為念；若要人類全體成功，尤須如此。不能再拘泥於個人貪欲，必須把眼光放遠，看見自己和他人行為的漣漪效應，讓自己願意換個方式待人處事。

領導者可能必須學習在開會前，無論是開哪種會，先留

意自己的內在狀態，才不會下意識把自己的壓力或侵略性傳給下一個人。領導者若能學著包容自己的感覺，不要只是宣洩自己的情緒，身邊的每個人都會心情愉快，也會覺得自己說的話有人聽。只要領導者思路清晰，也就能傾聽而不怒吼。這才是成功之道，而不是硬逼別人達成目標或設定底線。內心深處，沒有人真的在乎目標。大家真正在乎的，只是別人喜不喜歡自己。

若想在自己選擇的領域飛黃騰達，就一定要放下「我執」，開始更常以「我們」為念。當你發自內心對別人說的話感到好奇，也專心傾聽，就是所謂的「融洽相處」。這是溝通的絕佳狀態，不會再有更好的了。全神貫注聽別人在說什麼，是能給別人最大的恭維，接著對方會邀請你到他家作客或乾脆領養你。這又回到我的重點，就是能集中注意的重要性：如果面前有人，你就不該想到三明治。

我們在社會上的生存仰賴社會接納與社會地位，無論少哪一項，都會讓人感覺有壓力，而這兩樣東西我向來都很缺乏。

> 幾個月前，我去參加一場花園派對，這次我知道為什麼我以前會覺得自己非喝得爛醉不可了。因為在一個地方看見這麼多人的話，嚇得我魂飛魄散，讓我又直接陷入

童年時的舊習慣：逗大家哈哈大笑，以博得好評。

我也不知道為什麼要這麼做，可能是我小時候總以為只要能讓越多人喜歡我，就會有越多人保護自己不被爸媽虐待，這就好像是在建造人形碉堡。反正，回到那場派對，我就像是一頭飢餓的動物四處走動，尋求每個人的注意。通常會吸引我的，是我覺得最有影響力或最受歡迎的那些人。如果我能讓他們喜歡我，自尊心就會提高一英里。不過這種感覺只能持續幾秒鐘，因為這麼做實在是太辛苦了。正當我絞盡腦汁吸引他們注意時，我的心也在攻擊我說：「他們隨時都會發現你是裝出來的。」

那次派對也有顯要人士參加。在名氣的階級上，我被排在最底層（雖然可能有些人會覺得我是名人，因為可以在電視上看到我）。但是在這些人際關係中，我是偷偷告訴他們下句話該怎麼說的「女傭」……我知道這就是交換條件，所以毋須大驚小怪。我很羞於承認，但可能就像其他「無名小卒」遇到名人那樣，我會進入有點緊張、心跳加速、情緒激動的狀態，把自己徹頭徹尾變成諧星。我相信這是我高中時一事無成的逆襲。如果舞會皇后能賞我一眼，我定會竭力討她歡心，但她卻從未正眼瞧我一眼。我現在最大的生活樂趣之一，就是知道我提到的這位舞會皇后現在在菸毒勒戒所。

反正，那整晚我都很慌，不知該跟一個人聊多久，何時該轉身跟下一個人聊天（有沒有一本教導宴會禮儀規則的書？為什麼我們不能像小時候那樣，吐果汁在別人身上，然後尖叫：「你無聊死了！」）我不要對方先轉身走開，那無疑是在我心上捅一刀。於是即使他們無聊到我都不省人事了，我仍卯足全力設法讓自己感興趣。我聽見自己在跟某個人說：「你在東非投資挖土機是嗎？說來聽聽吧！」我發現自己駝著背，拚命想讓自己感興趣，但後來我想：「我再也裝不下去了。」於是趁他不注意時偷溜走。我想這就是有在念念分明吧！我注意到自己魂不守舍，雖然人在但心已不在，所以我離開了，到廁所安頓自己那顆狂亂的心。那時我才確定自己真正想做的是什麼，於是我回家睡覺，不像五年前那樣會因為這種事而痛罵自己一頓。

結果根本沒人注意到我離開了。有時不認為自己非得搶盡鋒頭也不錯，因為那樣只會換來宿醉的下場。

如何念念分明地處理人際關係的四則建議

一、上司無緣無故對你發火時,該怎麼做

如果你知道這次開會氣氛不會很好,就先做好準備。呼吸,接著專注於聲音,再看一張能喚起美好回憶的照片,然後把注意力的焦點傳送到在地上的兩隻腳。注意自己是否開始胡思亂想「要是……該怎麼辦」,把注意力轉移到身體感覺不安之處。倘若無法除去心的薄霧,也別痛罵自己,只要接受心仍在霧中的事實,不過也要意識到自己只要能注意到,就已經能抑制皮質醇過度分泌旺盛的情形。

跟上司面對面時,如果他的態度跟你擔心的一樣咄咄逼人,就得當心了。

換成是我的話,會這麼做:聚焦於大發雷霆那個人的左邊眉毛或右邊鼻孔(任選一樣靠近眼睛的東西),然後仔細端詳它的毛髮、毛細孔、油脂、顏色、變化。你的上司不會知道你沒在聽,因為你的視線還是在他身上。他要你把這顆憤怒球回拋給他,這樣他才能再痛罵你一頓。不過如果你心平氣和,他一個銅板也拍不響,只好自己生悶氣或漸漸息怒,同時你對他的鼻毛則有了深入的瞭解。

要不，你也可以選擇把上司的怒氣當成一陣風來聽，聽語調高低和音量大小。別聚焦於他說的話，只要聽他口中發出的原始聲音。聚焦於感官，便能讓你忍住不出言反擊。

發揮社交智商：躲開嚴厲的批評，不回嘴。不僅是對自己、也是對上司展現慈悲心。你可能還是會被開除，但你不會另外萌生羞愧或痛苦的感覺。

二、如何應付你覺得是白癡的人

這是我的弱點。如果我能注意到、也能及早發現自己氣得想罵人，就會試著聚焦於他們的眼睛，試著注意他們的恐懼，而不是只把他們當成練拳的沙包。如果我能看見他們的眼白，也能真正看出他們的脆弱，就會油然生起一股慈悲心。畢竟我也是有人性的……有時候啦！

三、如何處理對你不理不睬，也不解釋原因的朋友

無論你有哪些反應，都得加以注意。就算你想把他們扔到車輪底下，或像隻受傷的動物跑去躲起來，都沒關係。忍住想立刻處理這些反應的直覺，可大哭一場，或像個潑婦／潑夫似的大吼大叫。如果你能坐下來，聚焦於這些原始的感覺，你的心就會平靜下來，而你也會想出更明智的策略，找

出問題根本，不會因為過去發生的事而無法看清局勢。反正，不給你個說法的朋友也不值得交往，但如果朋友願意坦承相告，就值得你繼續結交，因為很少有人會這麼做。

四、如何處理正在對你發怒的另一半，而且錯的是他不是你

當你注意到你們又快演出高八度的歸咎、指責二重奏時（我最喜歡唱的歌是：「為什麼又走錯路？每次都迷路是怎樣！為什麼從不看地圖呢？」），試試這個幾乎不可能做到的技巧。

語調保持平穩，聲音壓低，跟另一半說你明白他的意思，但你急著想上廁所，只要一下子就好（絕不會有人跟你吵說你是不是非上廁所不可）。走進廁所，坐在封閉的空間裡，試著專注於幾次呼吸。即使做不到，至少你也歇了口氣，而暫停能給你們兩人時間排除腎上腺素，整理思緒。只是這個練習我從沒成功過，而且我認為應該沒有人做得到。

希望我沒讓你們覺得正念不過是坐在椅子上，沉迷於自己的思緒裡自戀。這種內在探求的重點是要覺察自己處於哪種狀態，以免在不知不覺中，碰巧遇到誰就把心理垃圾倒在誰身上，影響了他，還把自己的不幸都怪在他頭上。沒有

人說正念就是任人踐踏或一切照單全收。正念是在特定情境下，做出適當且必要的決定。有時必須放輕鬆，有時則必須踩油門催促大家採取行動。

總之，若想切斷與自己心裡那頭野獸的演化羈絆，就必須訓練自己有意識地轉移到更高級的腦（在扯斷對手的手腳之前）。在這麼做的同時，也必須對心裡那頭野獸展現一點慈悲心，因為牠做了某些事，我們才能走這麼遠。若沒有牠，現在我們早就被嚼爛吐掉了。

若想更進一步演化，就必須意識到這些「遠古的呢喃」。在我們溫文儒雅的外表下，仍潛藏著昔日野蠻的手足。若未覺察到自己的黑暗勢力，它們就會在你最意想不到的時候扔出手榴彈，以表達不滿。

基本上，人類花了四十億年才演化成現在這個樣子，縱使我們有絕佳的認知能力，但情緒能力卻仍略遜一籌。問題是：我們具有更多同理心和慈悲心的那一面能迎頭趕上嗎？在我看來，該做的第一件事，就是學著擁抱自己心裡那隻大猩猩（乾脆新書就以此為書名吧！我想還是不要好了）。

我與他人建立關係的序曲

我在這一章提到一場靜默避靜活動。在參加那次活動前，我臨時決定到比利時北邊的布魯日（Bruges）慶祝。那是我從未涉足之地，但我想幫大腦找樂子，因為它讓我拿來當倉庫存放接下來的研究資料，而且它也是你現在讀的內容，向外輸出的渠道（內容好壞請自行判斷，我只是傳話的人）。我想一個人清空思緒，到一個不會讓我想起過去的地方。只要目標明確而且時機恰當，分散注意力就是很好的煞車系統。這種刻意關閉自己母船的行為，是我少有的善待自己的舉動。我可不想在寫一本談論正念（亦即搬石頭砸自己的腳）的書時，累死自己。

等一坐上車程長達數小時的火車（第一個小時簡直是地獄，那一小時我都在抵抗想跳下火車，回家重寫這本書大部分內容的衝動），那些一直叨唸著要我重讀這本書的念頭就漸漸變微弱了，而且在抵達布魯日之前便已消失無蹤。要是這城市沒那麼多令人目不暇給的事物，我可能會想：「我不該來的，我會覺得很孤單，為什麼選布魯日呢？」可是這地方卻奇蹟似地絲毫未受時間影響。布魯日完全不同於我去過的任何一座城市，這裡沒有迪士尼，也不會走到哪都看到星巴克或麥當勞（那

些在某個異想天開的城市設計師巧手下，與城市合為一
體的商店）。走在狹窄的石子路上，兩旁排列著保留原
始風貌的尖頂房屋（有些裝飾著金色天使和聖人），我
聽見自己大聲說：「喔，天哪！」我不知道自己走了多
久，眼前的一切看得我目瞪口呆，但因為大腦幾乎沒干
擾我，我感覺自己是在用眼睛拍下見到的一切。我就像
是打開的鏡頭。我的「待辦」清單不能用了，我的心理
無線網路關閉了，此時，我感覺自己又更像人了。之前
跟幾個朋友聊到我要自個兒來這裡時，他們都覺得很奇
怪，問我為什麼要這麼做。現在我能回答他們了。我可
以全神貫注，能盯著想看的東西，想看多久就多久，不
必擔心跟我在一起的任何人，我知道這是我一直以來的
習慣。看著運河的船航行過橋下，欣賞那些座落在運河
兩旁，外觀完好如初、長滿了青苔的十七世紀房舍，我
沒有一刻覺得無聊。

到了傍晚，我仍舊看得目瞪口呆，喃喃自語著：「喔，
天哪！」我最後走到市區廣場，場上擠滿了當地人，
正隨著震耳欲聾的莎莎音樂跳舞。倘若我是追求快樂的
那種人，到這裡就來對地方了。我在這裡待了好幾個小
時，看著舞者的雙腳、臀部和手臂完美地同步舞動著，
臉上洋溢著純粹的喜悅。天哪！那一刻我真想知道怎麼
跳莎莎舞……好想好想。他們全神貫注於自己身體的擺

動，毫不在意自己的外表。有看起來像是懷胎八月的禿頭老人，但他們正在跟年輕性感的女性跳舞，而且舞技高超；有年輕小伙子被上了年紀的婦女摟著跳舞（有些老得都可以當我曾祖母了），偶而還攙扶她們下腰。莎莎舞是很性感的舞蹈，但這些人並未利用它來搭訕，大家似乎都沉浸在這種你來我往跳舞的喜悅裡，無論誰正好在他們面前跳舞。有個頭髮染成粉紅色，套了超多鼻環，看起來像頭公牛的女龐克，邀請一位坐輪椅的女生跳舞。那位坐輪椅的女生體內顯然流著莎莎舞的血液，她站了起來，身體還有些軟綿綿，但跳起舞來面帶笑容，技冠全場，一拍也沒漏掉。我注意到有些女生的皮膚很像深黑色的皮革，紋路也很深，簡直可以當成行李通關。她們蹬著超高的高跟鞋，穿著低胸吉普賽裙，裙子開衩到耳垂。起初我想：「打扮成這樣怎麼敢出門呢？」可是一旦跳起舞來，她們就在我眼前轉變成外表極為性感的女人，即使是長得像男人的那幾位。有一次所有人圍成一個大圓圈，由某個身體柔軟但乾瘦的老頭大聲下指令。圈內的每個人都以閃電的速度交換舞伴，沒有人踏錯一步，每個人都伸出雙手勾住別人的頭，動作複雜精準，而且沒有人被勒死，真不知是怎麼辦到的。我知道我站在一旁，笑得像是一名驕傲的母親，雖然那裡我誰也不認識。我愛他們每個人。我從下午五點開始看，然後去吃晚餐。等到晚上十一點回來，人都還

在，沒有人氣喘吁吁，大家都還在跳舞，包括那個本來坐在輪椅上，現在把輪椅晾在一旁的女人。

我認為這就是人類的極致表現。這些人並不是想在什麼事上出頭，他們不在乎自己的模樣：他們是自由的。我沒有一刻感到孤單，因為這裡的氣氛讓我覺得我們全都是這樁美事的一部分。這些人是住在此時此刻的居民，我則是在捕捉當下。我可以從他們身上學到好多，不只是莎莎舞。我不懂明明世上有這麼多美好的事物，為何老想著這世界有多糟。我開始認為每個人心裡都想用這種方式連接彼此，所需要做的只是在多餘的資訊源源不絕而來之際，在自己即將變成別人的壓力之下，盡量不受影響。我們不必在政界有所作為，也不必創立新教派，只要學著在自己創造出來的世界裡生活時，能感覺不那麼孤獨、恐懼。這是我們沒被混亂困住時真正的樣子。都有熱情洋溢和感受到這種喜悅的潛力，即使只持續一小陣子，也能影響我們一輩子。

雖然成人和老年人可以在沒有媽媽握著手陪伴的情況下學正念，也可以把這六週正念課程當成是一本指南書。但我們的大腦在生命的各個時期，都會經歷不同的成長階段。我認為我們需要的，是專為每個階段量身訂做的練習，誰做都一樣的練習是行不通的。所以下一章將介紹特別為嬰幼兒和父母設計的正念練習。

Chapter 7

給父母和嬰幼兒的正念課程

Mindfulness for Parents,
Babies and Children

我想先在此說明一點：我在這一章提到嬰幼兒時，會輪流使用「他」和「她」，這樣我才不會因為性別歧視而被驅逐出境。

如果你剛讀完前一章，而且已為人父母，可能正在想：「我該怎麼利用正念這玩意？我連自己做練習的時間都沒有，洗澡就更甭提了，又哪來時間跟孩子一起做這件事呢？」以下的例子，是你絕對不可能度過的一天，但既然書都買了，就姑且一讀吧！而且你可能會邊看邊笑哦！

父母與孩子的一天

早上七點半 你走進孩子臥房，叫她起床。溫柔點，早點叫，才不至於兵荒馬亂。以前我媽常尖叫我的名字，就像是宣布第三次世界大戰爆發的空襲警報器，因為我每天早上都遲到。所以，記得口氣要輕柔、舒緩。

早上八點 吃早餐時，請孩子描述她的土司／蛋／玉米片味道如何？咀嚼食物的感覺如何？食物在她口中感覺像什麼？問她想不想每天早上選一件事來做，但別一直想這件事，只要感覺自己正在做的事，例如洗手／穿鞋／輕拍小狗……可以每天換一件事，才能永遠都有新鮮感。

早上八點半 開車載孩子上學途中，可以玩「我的小眼睛看到什麼」的遊戲，可是內容要改成聲音，變成「我的小耳朵聽到什麼」。請她猜猜你正在聽什麼聲音，這會讓她立刻集中注意力。這遊戲也可以用來玩嗅覺。嗅覺是我們很少用到的感官，但只要孩子專注於某項感官的細微差異，就是在鍛鍊心智。

　　早上九點 孩子上學了，希望學校課程裡有正念訓練（*請看第八章的學校正念*）。

　　下午四點 設計孩子每天放學後玩的另一個遊戲，跟她說你要給她做個有趣的測驗。找一天請她在午餐休息時間時，數自己看見幾朵雲；另一天則請她注意學校大廳有多少人穿紫色，又有多少老師面帶笑容？每天請她注意一件事，等放學後再告訴你。你要有好奇心，並請她告訴你更多的細節。

　　下午七點 吃晚餐時，要養成跟孩子聊天的習慣，孩子想聊什麼就聊什麼，別預設立場，只要閒聊就好。要保持好奇心，也要感興趣，但別想探聽什麼。如果你感到焦慮或疲憊，就老實跟孩子說，她才不會以為你是因為她才這樣，也才能瞭解你也是有情緒，會發脾氣的。無論她心情如何都要包容。她不必告訴你原因，但你要設法讓她訴說內心的感受。

下午八點 睡前唸書給她聽。如果書上有角色的插圖，就問她能不能猜到這些角色內心真正的想法，只要猜測就好，目的是讓她習慣用自己的雷達去看表面下的事物。這件事也可以在看電視的時候做，把電視音量關小，但只能維持幾分鐘，否則最後孩子會討厭你。

不流淚教養法

每個作父母的人，在孩子生命中的某段期間都會反問自己這個問題：「是我的錯嗎？」沒有人真正知道孩子的發展有多少是天性使然，又有多少是教養造成。這是一九六〇年代至今的熱門話題。現在有人說是各佔一半……所以你只有百分之五十的機率毀了你的孩子。基因是孩子拿到的那副牌，但要怎麼打這副牌，就看你自己了。

與生俱來的那部分，亦即 DNA，它設定了藍圖。在這份藍圖中，腦細胞的基因已被預先設定好，正等著你這個教養先生或教養小姐輸入資訊。你擁抱、微笑、皺眉、唱歌、說「噓！」的方式，直接影響了孩子的大腦迴路，而最後讓他的個性定型的就是這些迴路，以及文化、環境和他在生活中遇到的人。

接下來的內容你非看不可！

以下是為人父母最重要的幾項法則。

【認識你自己】

很抱歉這件事我一講再講，如果想成為最棒的父母，首要任務就是「認識你自己」。德爾菲（Delphi）的神諭就說了這件事，只是她根本沒生過孩子。不過這並不表示你必須深入挖掘自己潛意識的礦脈，如果你注意到自己對某件正在發生的事反應激烈，還因此責怪自己，相信我，孩子會學起來的。因為當小嬰兒感覺媽媽在生氣、沮喪或焦慮時，他不會覺得媽媽有缺陷，而是會吸收這些感覺。所以假如你對自己仁慈，不妄加評判，小嬰兒也會吸納這種慈悲心，並在往後的人生路上，感到安全無虞。

你過去的每次經驗都影響著你的孩子，*除非你意識到自己有哪些問題*。危險之處，在於我們會把自身的問題投射在孩子身上，把自己的缺點怪在他們頭上，彷彿他們是我們的影本，我們可以藉由他們彌補以往的錯誤（*請看從孩子十二週大便開始教導他們，希望他們將來能擠進牛津大學那扇窄門的那些媽媽們*）。

我們與父母的生活經驗，影響了與子女的互動方式。你深深影響了孩子的大腦發育；同樣地，你的父母也影響了你的。如同菲利普‧拉金（Philip Larkin，英國著名詩人、小說家）充滿愛心地說：「你的爸媽，他們毀了你。」如果你覺得孩子在鬧脾氣，就照鏡子看看自己。

孩子的心智有如初降的新雪，我們卻穿著碩大的橡膠鞋，在上方四處踐踏，留下我們的印記。你的父母把他們的東西傾倒在你身上，同樣地你也把東西倒在孩子身上。只要你意識到這些不完美之處，就能停止這種世襲的「傳缺點」接力賽。

另一方面，如果你配備了適度的慈悲心、良好的基因、對自己心智的運作方式也略有所知，那麼你的孩子就不會有問題。如果在孩子扯著嗓門尖叫時，你也能安住於當下，那麼第一名的教養金杯獎就是你了。

不過，有意思的是在孩子鬧脾氣時，一開始你會以為激怒你的是孩子惹人厭的行為，但其實這怒氣可能源自於你自己，可能是你回想起童年時的某段傷痛，而至今尚未撫平，所以才會對孩子生氣。

讀到這裡，倒也不必驚慌失措。如果誠實面對自己，就

會明白幾乎沒有人不犯錯，但總有辦法修補，而且永遠不會太遲。如果你發現回憶童年太痛苦，或許可考慮接受心理諮商。

> 我不知道該怎麼當媽媽，我又不是為了學怎麼擦屁股或幫別人打嗝才念大學的。

可是當他們把小嬰兒交到你手上，你會感覺全身湧現母愛。這要不是純粹的愛，就是嗎啡在作怪。這就是我生三個孩子的原因：我戒不掉嗎啡。我是在有健保的醫院（謝謝你們）分娩的，後來跟一個「讀過育兒書」的媽媽同房。我吵得她整夜不能睡，不停追問「為什麼我的胸部在漏奶？你是怎麼餵奶的？你的胸部可以借我餵奶嗎？」隔天我坐著輪椅被推到單人房。我告訴護士，不要因為我上過電視就給我特別待遇，我不介意跟別人同房。護士告訴我：是那個媽媽要求我換房，因為她受不了了。從那時起，我就只能依賴護士的善心了。

【孩子不是你的延續】

上帝一定是在嬰兒頭上灑了一種無法抗拒的味道，你才不會在嬰兒第一次鬧脾氣時，把他扔進馬桶裡沖掉，但等這味道淡去，你對嬰兒依然興致不減，我想那是因為你相信孩

子是你的倒影。希臘神話中，納西瑟斯（Narcissus）盯著水面看，愛上了他自己的倒影，這就是你看著孩子的感覺。

然後，突然間你意識到這孩子不是你，他有他自己的怪癖和習性，而曾經崇拜你的嬰兒，現在膽子大到敢自行其是。你現在要不是慶祝自己生了個獨立的個體大喊「萬歲！」，就是可以嘗試拿木槌敲打那團黏土，打到它看起來像你。

其實在嬰兒華麗登場後，最初父母會有幾種反應，其中一種是媽媽會想像孩子長得跟爸爸一模一樣，只稍微有點像自己。但實際上他誰也不像，每個嬰兒看起來都像壓扁、光禿的梅子。不過想像孩子長得像爸爸，以確保爸爸不會拋家棄子是母親的生物本能。此外，如果你認為有跡象顯示孩子是數學天才，或是網球界的明日之星，這也是想像力在作祟。一開始你就該試著看見孩子真正的樣子，而不是你投射在他身上的模樣。大自然正打著生存的名號，想盡各種辦法讓你以為在這個藍色或粉紅色的包裹裡頭，裝著你所有的夢想和希望，不然你會把這個包裹扔掉。這「東西」是下一個「你」，會把你的基因傳承到未來，因此相信這個小嬰兒將成為下一位救世主，才會對你自己有利。

我記得小時候我兩隻腳動過手術。那時芝加哥極為酷熱，連蟲都融化了。我拜託媽媽開冷氣，她不肯，說這樣很浪費錢，反正空氣會流通。我又拜託她一次。我兩隻腳都纏著繃帶，站不起來。最後她走到牆邊，按著手指，發出開冷氣時那種「嗯嗯嗯嗯」的運轉聲，但冷氣機根本不在那附近……她以為我看不出來嗎？

我一直保持警覺，槍上了膛，以確保現在從我嘴裡冒出來的不是我媽的聲音。

她愛的不是我，而是嬰兒時期的那個我。她以為我會是她的翻版。她是個美人胚子，我卻有一口像河狸的牙齒。我經常被處罰，因為她無法理解為什麼我的個性不像她。她有嚴重的強迫症，但當時我們並不知道。她會在我人還在床上時幫我鋪床，在我吃水果時拿餐巾紙墊著我的下巴，根據拿到的年份整理我的內褲，還會在雙手、雙腳綁上海棉，跪在地上追逐一團團的灰塵。

她完全無法接受我有任何跟她不一樣的特質、習慣或想法。也許他們應該給她的是玩偶而不是孩子，這樣情況就不會如此混亂不堪了。

重要的是要試著看見並且愛孩子真正的模樣，尊重他的

品味和嗜好（除非他的嗜好是收集海鸚標本）。孩子不需要你批評，等他長大後自然會聽到夠多的批評。如果你在修習正念，便能體會他的心情，而這種同理心會像氣泡袋一樣保護著他，不受將來那些混帳難聽的負面攻擊所影響。

我的父母並非打從心底認同我。當我還是個可愛健壯的小嬰兒時，他們很愛我，可是等我一開口說話，他們對我的愛就蕩然無存了。我大半輩子都在尋找喜歡原來的我的人。

> 跟我爸媽相比，艾德的爸媽簡直是童話故事裡的人物。也許我會嫁給他，部分原因是他爸媽。在他們眼中，天大的事都能迎刃而解。艾德的媽媽整天都在做英式鬆餅。她會在你的頭碰到枕頭之前，跑過來幫你把枕頭弄澎鬆，還會真的拿著一杯茶，站在床邊等你醒來。你可以想像我嫁的是那種家庭嗎？這讓我想起狄更斯的故事，故事裡的孤兒在受虐多年之後，終於走進一個溫暖快樂的家庭。

我以前會看媽媽是誰，再決定跟誰做好朋友。通常我喜歡的是那些熱情、過胖的猶太母親，她們是為了煮飯和餵飽孩子而活的（不是發瘋的那種）。我幾乎等於是搬進去住，希望他們沒注意到。好比喝奶時間一到就突然出現的流浪貓，混進一窩小貓裡，沒有人會說：「那隻

貓是從哪裡冒出來的？」同樣地，那些媽媽並不介意我在那裡，她們很有愛心，知道我家有點狀況，因此從不提我會往他們家冰箱裡，盯著那一堆新鮮、自製的食物看。我家的冰箱只冰了雪茄和一些生菜絲，那些生菜絲自甘迺迪被暗殺後就冰在裡頭。我好喜歡那些媽媽把我壓在她們的大胸脯裡，抱得我喘不過氣來，也很喜歡肉桂餅乾的味道。

"

為人父母的正念

【注意】

如果跟孩子在一起時，要*特別注意*這種情況——你會受他的情緒牽動，或不知為何發現自己的心一敗塗地（光是做到這件事，就能讓你贏得七十五顆金色星星）。如果你發現自己滿腦子負面想法，就不要在這節骨眼跟孩子說話，而是該走到別的房間，坐在那裡試著做一分鐘正念，即使得編藉口也要這樣做（如果這樣也沒有用，就吃贊安諾鎮定劑或喝伏特加）。等負面感覺消散了，再回到孩子身邊，即使你可能還是很想一走了之。因為唯有心定，才能解決你自己的問題，也才能處理孩子的問題。

【歸類情緒】

跟孩子在一起時（其實跟誰在一起都一樣），當你開始感覺自己因為憤怒、焦慮或挫折而發抖時，試著歸類你所感受到的情緒。可以在心裡這麼做，也可以寫下描述你情緒的詞彙。這種歸類的過程能讓你停止鑽牛角尖，因為人在鑽牛角尖時，會找各種理由生氣，導致皮質醇大量分泌。當你把焦點從原腦轉移到更高等、更有思考力的前額葉皮質時，這些感覺就會減弱。這是處理杏仁核劫持的妙方：「歸類而不責備」（這句話應該是我自己想出來的）。

【掃瞄】

姿勢和肢體語言透露著你的心理狀態。訊息則有百分之八十五是透過肢體語言傳達，而非透過口語溝通。跟孩子互動時，試著打開你心裡的探照燈，掃瞄身體哪裡緊繃。

檢查自己是否在用爬蟲腦模式反應。如果是的話，孩子肯定也會用爬蟲腦模式回應你。「生氣的孩子有樣學樣」，所以你真的不能怪孩子，畢竟他還只是個衝動、情緒起伏劇烈的孩子，而你才是有責任發展他前額葉皮質的那個人。

【反映】

孩子壓力大或生氣、難過時，試著將心比心。如果他尖叫著說：你把那隻陪他睡了五年的襪子扔掉時，或許你可以反映回去。比方說：「看得出來你很難過，感覺一定很不好受……我也很愛我的襪子，從六歲就開始了吧！我應該先問過你的」這樣你才能體會少了一隻襪子或鞋子的感覺。

塑造孩子個性的是你跟孩子早期的互動。他會模仿你的臉部表情，藉此學習情緒。唯有模仿你的動作，他才能學會微笑、吐舌頭、做出難過或生氣的表情。因此孩子發脾氣時，你的臉上要流露著關心、仁慈與坦誠。試試看這麼做，他是否也會開始用好奇和仁慈回應你，忘了自己在生氣。有個說法是：改變自己的表情，也就改變了自己和孩子的心情。有時「演久了就變成真的」。只要這件事是有意識做，就還是正念。

反映式的父母不會只看孩子的外在行為，也會將孩子視為有主見的個體。「他很有主見」這句話中帶有貶意，常用來形容任性固執的孩子。但反映式的父母欣賞孩子與他人想法不同之處，始終不評判。

【五分鐘牢騷】

如果你注意到自己跟孩子唇槍舌戰起來，而且戰況激烈，吵些像是「都是你害的」「最好是啦！明明是你自己不對」「才怪，是你把我害慘了」「根本是你自己害自己」等內容，此時正是試試以下練習的好時機。

既然你才是為人父母者，那麼現在該閉嘴了。告訴孩子他有一分鐘（用手機計時）陳述他那方的說法，你不會插嘴（即使你正在扯斷全身的肌腱，設法忍住扭斷他脖子的衝動）。孩子破口大罵時，試試看你能不能做聽覺的正念練習，聽他吼叫的聲音，把它當成噪音，別隨之起舞。然後專心聽他在說什麼，看他是否已出現任何改變……希望這時他以經較為平靜了。這個練習的好處是孩子可能鬧脾氣鬧累了，而你也讓自己的皮質醇濃度降了下來。

【聚焦】

做這個練習時，好比練習用注意力的探照燈照某種感官，所以要把焦點帶到孩子身上。要注意他說的每件事，這樣當他告訴你，他的兔子是怎麼被野狼吃掉時，你才能體會他心理受創的嚴重程度。接著，艱鉅的挑戰來了：要放下電話，聽孩子說話。

我的孩子偶爾會問我他們小時候的事。但我不記得了，要看影片才記得發生過哪些事。而且他們在跟我講話時，我也只是有一搭沒一搭地在聽。

但只要真的專注，皮質醇濃度就會降低。當你冷靜下來，孩子也會冷靜下來；如果你因為腎上腺素而情緒激動，孩子也會加速腎上腺素分泌；如果你正在分泌催產素，孩子也會分泌催產素，而這種荷爾蒙能激發出最棒的教養方式。

如果你突然感覺到自己對孩子有敵意或負面想法，而且他正在鬧脾氣，你也可以做個簡短的視覺正念練習。把焦點帶到他的某個臉部特徵，集中注意力，像聚焦於聲音或呼吸時那樣。聚焦於孩子的臉，帶著好奇心研究那個特徵，可能是眼睛、鼻子或嘴巴，彷彿你以前從未曾注意過那樣。

【後退一步】

這是為了讓你在孩子煩惱時，慢慢消除那股迫切想讓一切好轉的衝動。孩子需要學習如何安慰自己。如果這件事總是由你來做，她就得找個長得像你的人結婚了。

慈悲心不該與過度氾濫的同情心混為一談。同情心氾濫的父母會寵溺孩子，說些像「喔！可憐的小寶貝，媽媽在這

裡」之類的話。你以為孩子會因為你這樣說，心情就好起來嗎？試著讓孩子去感受自己的心情，而且你要支持他，反映出他的感覺，讓他知道你懂，相信這些感覺是可以處理的。你會教他如何不逃避，正視自己的感覺，並且學習這些感覺沒什麼好怕的，不過就是感覺而已。

總之……

父母的責任會隨著孩子的年齡而有所改變，但基本原則不變：付出無條件的愛，建立規矩，還有要……

給嬰兒的正念

每個嬰兒出生時，都帶著一份基因藍圖以及各式各樣的可能性，而且他們身體的設定，就是要發展這些可能性，但這程式並不會自動執行，而是因外在經驗而啟動、關閉。把嬰兒想成是在子宮外的胎兒，必須由你或附近某位善心人士來設定她的程式，否則始終她將只是個裝器官的皮囊。塑造嬰兒大腦的是她與這個世界的互動以及她的人際關係，這些能刺激神經的動作電位，建立神經連結。隨著嬰兒日漸長大，基因會與經驗的輸入交織在一起，個性也因而形成。

嬰兒剛出生時，你興高采烈並且散發著母愛（非這樣不可，否則你絕不會原諒她毀了你的身材），做什麼都樂在其中：你正在烤杯子蛋糕，還在上面打了蝴蝶結，也突然覺得粉紅色不那麼討厭了。然後時光飛逝，在某個晴空萬里的日子，你發現自己很想殺人，因為這個身長只有四十公分、頂上無毛的傢伙把你氣瘋了。她連自己需要什麼都不會說，只會躺在那裡鬼吼鬼叫，而你應該知道她想要什麼。你以為自己是會通靈的海倫‧鄧肯（Helen Duncan）嗎？。

> 當孩子還只是小嬰兒時，每次和他們單獨在一起，我就會驚慌不已。擔心自己不會注意到他們突然把插頭吞進肚子裡，或是把他們忘在鞋店。我不相信自己可以照顧好他們，所以大部分的錢都用在聘請專業人士，甚至還試過硬拉醫院護士跟我回家。之後，我才漸漸想起我媽體內並沒有母性本能，也沒讀過寶寶手冊，所以才會把我放在嬰兒床裡，大喊：「漱口！漱口！漱口！」這是我唯一想到的事。之後她會讀格林童話給我聽，只是如果故事裡有小朋友做了某件駭人聽聞的事，沒把湯喝光，一定會有一隻熊出現把他們吃掉。所以我現在不但每次都會把自己的湯喝光，還會把全餐廳的人的湯都喝光。

【嬰兒的大腦】

在解釋接下來的練習之前，我會先稍微解釋一下嬰兒的大腦結構，這樣你才能瞭解她是如何反應這個世界，以及為何會使用這種方式。

胎兒在出生前，當他還在這個叫做「你」的漂浮槽裡時，每分鐘形成兩萬五千個神經元，每秒約形成兩百萬個突觸連結。每次這些突觸連結，就會下載歷經數世代演化、已臻完美的特質和傾向。想像自從有人類起，已有多少數不清的失敗者，也就是那些無法達標的精子。你的胎兒是存活下來適者中的最適者，是演化賽車比賽的優勝者。以前可能有些人的腳長了蹼，但後來這些人絕種了。因為鴨子出現了，比他們更會搖臀擺尾地走路。

打從胎兒還在子宮裡，每個細胞便知道自己該去哪個位置，所以不靠導航系統也能組裝好自己：手肘細胞知道要移往手肘區或稱之為手肘村的地方，腳指甲細胞則往南行，不用羅盤也找得到自己該待的精確位置。你能想像如果有細胞搞混了，結果眉毛長在腋下的情況嗎？做再多次手術都無濟於事（不過如果最後你的胸部長在額頭上，你可以把自己當成畢卡索的作品拍賣掉）。

胎兒的身體細胞不需要你的幫忙也能組合成身體。細胞知道自己在做什麼，而且也已經這麼做了好幾十億年。打造大腦，是為人父、為人母、或擔任照顧者的你，必須接受的挑戰。你現在是建構大師。受孕四週後，每分鐘製造五十萬個神經元，之後再也不會有這麼大的製造量，所以你必須把握這個神經元大豐收的機會，採收那些倘若她日後想在某種環境中成長茁壯，就需要用到的神經元。你要幫助她強化將來需要的神經元，而她用不上的那些就會枯萎，這就是所謂的「神經生成」（neurogenesis）。

　　例如，出生在西方國家的孩子，或許不需要用到吹鼻鏢或剝鯨魚皮這種技能（除非是加拿大人），於是這些天賦的神經元就退化了。這種將最弱的細胞剔除的過程，稱為「神經進化」（Neural Darwinism）。同樣地，嬰兒剛出生時，能發出的聲音幾乎多到數不清，但只有她反覆聽到的那些話語和聲音，才會建構成她自己的母語。

　　因此，如果你每天對她發出喀嗒喀嗒的聲音，不到二十歲她就會講科薩語。只是若縮小了語言範圍，她原本可以發展其他語言知識的神經鍵就無法連結，因此日後雖然她還是可學習另一種語言，卻絕對無法精準地發出，比如說德文那種咳痰的聲音。

【學習注意】

剛出生時,我們學習注意周遭事物,後來卻忘得一乾二淨,是因為我們有太多的選擇,太容易分心。嬰兒的注意力會集中在某樣東西上,直到她終於充分理解其名稱、顏色、形狀,才會轉移到下一個物體。注意是嬰兒的本能,他們會指著一輛車,同時不斷發出「哇!」的聲音。幸好媽媽通常不會氣呼呼地對嬰兒大喊:「吵夠了沒,安靜啦!你的發音都錯了。」她會教導孩子,等孩子終於說對一個字時,還會高興地尖叫。每說對一個字,嬰兒便分泌一次多巴胺,強化她學下一個字的動機。嬰兒跟動物一樣,能完全與自己的感覺同在,無論是開心、難過、害怕或生氣。成人通常會掩飾這些感覺,會因為有這些感覺而感到內疚,或把感覺埋藏在心裡,絕不在公眾場合表現出來。

◎練習:調到嬰兒的頻道

把注意力帶到身體觸碰到的物體:無論你正坐在、躺在或靠在什麼東西上,把注意力從喋喋不休的心,切換至你正在體驗的生理感受。現在把注意力轉移到呼吸,或許可以反覆從一數到十。輕輕抱起嬰兒,摟著她,讓她的心臟貼著你的心臟。想像你呼出的氣息進入她的心臟,而她呼出的氣息則進入你的心臟。注意你們的心跳是否同步。最後把嬰兒抱

到你面前，凝視她的眼睛，觀察她眼裡有什麼，不要把你的情緒投射在她身上，只要臨在當下。

現在開始輕輕搖晃。從你口中說出一般的「媽媽語」（記得那些「咕咕」的聲音），是能平靜、安撫嬰兒的聲音。發出這些咕咕的聲音，觀察她的反應……只要是嬰兒都愛這種聲音。此外，你的語調和臉部表情也很重要。

> 不幸的是，我以前對這些資訊一無所知，所以我必須發展出我自己的方式。我女兒瑪琳娜（**Marina**）以前很愛動不動就尖叫，我會跟她一起尖叫，彷彿這是一場看誰叫最大聲的競賽。她會被我嚇一跳，於是尖叫到一半停下來，然後哈哈大笑。這個方法不見得適用於每個嬰兒，因此請審慎使用。等她又長大一些，會要求我在她的派對唱歌娛樂她的朋友，唱越大聲越好。她最喜歡我用伊秀‧摩嫚（**Ethel Merman**）的唱腔唱《摩登原始人》（*The Flintstones*）主題曲。我的聲音刺耳到其他孩子聽了心靈受創，耳朵都流血了。

這個練習的好處，不只是能創造感人的畫面，還能享有美好的經驗。當母親輕輕搖晃或抱著嬰兒時，會不自覺地跟嬰兒的心跳同步，而當嬰兒看見母親瞳孔放大，則會本能地感覺到自己的副交感神經系統（冷靜）被激發了。這會誘發

嬰兒分泌腦內啡，同時觸發一種愉悅的生化反應。如果媽媽面有慍色，或充滿敵意地抱著她，或口氣尖銳地說：「不可以，不要碰那個。」則會激發嬰兒分泌皮質醇，同時活化她的交感神經系統。我從我爸媽那裡聽到太多次「不可以」，這就是為什麼我經常處於備戰狀態，連睡覺時也是。

【鏡像神經元】

真正有助於母親和嬰兒相互瞭解的是所謂的「鏡像神經元」（mirror neurons）。（雖然有些科學家斥之為無稽）這種神經元可見於不同腦區。這項發現似乎可用來解釋人為何能把動作與知覺連結在一起，並藉此模仿另一人的心境。簡單來說，就是父母顯現於臉部表情的情緒，將自動刺激嬰兒大腦類似的神經元，讓嬰兒做出完全相同的表情。你笑，嬰兒也跟著你笑。

你可以把自己想成是一面情緒的鏡子，每小時都在提供心理反饋，不分晝夜。就好像你問我「過得好嗎」，而我得盯著女友的臉看，才能回答這個問題。這也許是喜劇演員之所以能成為喜劇演員的原因，因為他們亟需看見數千張對自己笑的臉，才會感覺自己還不錯。若少了那些臉，或者如果那些人看起來一臉無聊，喜劇演員就會感覺空虛、遭人遺棄（這是我編出來的，可能沒有這回事）。

反正，只要看到父母笑，嬰兒就會跟著開心；如果父母看起來很生氣，嬰兒也會不由自主地心情低落。我們的大腦接線直接連結到臉部肌肉，因此每一次分泌化學物質、每一次產生神經連結，都會直接透過神經連接到臉部。如果大腦正在分泌溫暖、舒適的催產素，嘴角就會上揚，眼睛則會閃閃發光，做出微笑的表情。基本上，如果你媽老是用一張生氣的臉看著你，那你差不多就完蛋了。

【臉部表情及其影響雜談】

微笑的臉 每次父母垮著一張臉，都會影響到嬰兒看自己的方式。不是說父母應該隨時面帶讚許的笑容，因為這可能會埋下自戀的種子，讓嬰兒以為自己是地球上最棒的人類，但其實只是個蠢蛋（putz）。

假笑的臉 如果嬰兒相信爸爸或媽媽的表情是裝出來的，日後就會懷疑她遇到的人很虛偽，也會學到如何掩飾自己的感覺（除非她想當空姐，那就另當別論了）。

生氣的臉 如果父母在孩子煩惱時面有慍色，日後她可能容易感到焦慮，或者跟豆豆先生一樣有顏面神經抽搐的毛病。

不以為然的臉 每次看到這種表情，小嬰兒都會感到驚慌，同時伴隨著高濃度的皮質醇和羞愧感。

面無表情的臉 面無表情在所有表情中殺傷力最大。即使是憤怒的臉，也勝過面無表情，因為至少那時的父母是有反應的。父母面無表情會讓嬰兒感覺自己壓根不存在，因此無法發展出自我意識。

親切的臉 如果媽媽在安撫嬰兒時流露出愛、理解與慈悲的表情，就比較有可能養育出一個健全、均衡的孩子。

對了，人一共有五十種不同的笑容——得意的笑、不屑的笑、幸災樂禍的笑、自以為高人一等的笑，要確定你用對笑容。要笑對表情，否則孩子將永遠對你露出睥睨的笑容。

給幼童的正念

真正幫到我的一句教養箴言是：「不要事事糾正，要時時關懷。」這句話會促使你在跟孩子起衝突時，重新建立連結。你認為呢？這跟要你時時反映孩子的情緒一樣困難嗎？

小嬰兒會奇蹟似地在四歲左右變成小朋友，這時他會問你「花生醬是從天上掉下來的嗎？」「小寶寶是你擤鼻涕的時候擤出來的嗎？」之類的問題。我不擅長回答這些問題，所以一律回答「沒錯」……這就是為什麼我家孩子長到二十六歲時，還會等聖誕老公公的原因。

　　越早瞭解大腦越好，因此我的第一個建議是給孩子看一張大腦外觀的素描圖，並對他解釋大腦的運作方式，讓他知道每個人都有類似的一套反應，都有登錄危險的杏仁核，而且這就是他會有股衝動想痛毆霸凌者，或快步走開的原因。如果他明白大家的裝備都相同，就不會感到羞愧或自責。因此在他想拔腿就跑時，希望他能夠說：「這是我的杏仁核在發動。大胖子來了！」如果他明白情緒激動或壓力有何影響，就不會責怪自己沉不住氣，或明明很用功卻考不好，因為他會知道壓力太大時，記憶力是最早衰退的功能之一。

　　這將有助於他了解自己何時是在用邊緣腦運作，並且知道這件事會自動讓他切換到前額葉皮質，亦即他的美國隊長腦。你也可以用芭比娃娃或／和變形金剛當視覺教具，說明各個腦的不同功能，不過說明從邊緣腦切換至前額葉皮質最理想的教具，非《無敵浩克》（*The Incredible Hulk*）莫屬。

　　雖然孩子看似渴望獨立，但此階段的他還是需要知道你

就在附近，所以在他長成青少年之前，你還是神一般的存在，只是之後你就會變成討厭鬼。既然目前你還是神，是他所有安全感的來源，因此有件最重要的事（我之前說過）一定要記得，就是不要把自己過去的包袱扔在孩子身上。

孩子的大腦仍在建構中，而你的任務，是幫助他理解為什麼他會做出那些行為，即使你也不知道原因何在。設身處地為他人著想的行為，叫做「心智化」（mentalization），這是身兼臨床心理學家與心理分析師的彼得・馮納吉（Peter Fonagy）及其同事共創的名詞。心智化是瞭解你自己的能力；有能力了解自己，也就有能力瞭解他人行為、動機與意圖。這是父母能用的技巧中最有效的一項，因為孩子不知道該如何弄懂自己的感覺。有了你幫忙，最後他會懂的。如果你對他咆哮，他也會對你吼叫；如果你很關心他，而且是真心感到好奇，而不是在心裡偷偷盤算著什麼，就能正向影響他的生理。記得：經驗塑造了大腦結構，而你對待孩子的方式，將塑造現在的他以及他將來的樣子。

如果孩子做了一件你覺得無法接受的事，例如想把妹妹推下樓梯，設法引起注意你的反應。但你的反應是怒不可遏，也表現在行為上，你就永遠聽不到他老實告訴你他那方的說法。他會乾脆進入防禦模式，看你能不能嚴肅卻又心懷慈悲……如果做得到，那恭喜你榮登仙界。

> 兒時爸媽帶我到牙買加度假時，我曾愛上一隻蜥蜴，還幫牠取名為艾爾文（Alvin），天天開心地看著他從天花板跳到牆上再跳到地上。只是我媽差點把牠扔進馬桶裡沖掉，接著我就崩潰了，而且是毫無預警，直接崩潰。顯然我精神受創，否則不會到現在還記得這件事。
>
> 後來的情況更糟。我又養了一隻蜥蜴，幫牠取名為艾爾文二號，還瞞著我媽把牠裝進行李箱，打算把牠帶回芝加哥。過海關時，安檢人員打開我們的袋子，只見我的蜥蜴就在那裡，四腳攤開全身僵硬。我媽還因此痛罵我一頓，她真的不明白我對艾爾文的愛有多深。

彼得・馮納吉寫道：能讀懂孩子的心，同時也能了解自己心裡在想什麼的父母，具有某種叫做「反映功能」的能力。它能強化良好社交技巧，增強管理、調節自己情緒的能力。反映式的父母會視子女為「有主見」的人，這措辭（因為某些原因）常用來形容任性倔強的孩子，語中略帶貶意。因此當馮納吉使用「反映式教養」一詞時，指的是每位父母都夢想的那種教養方式。能夠耐心傾聽，進入正把土司塞進你吹風機裡那頭小怪獸的內心，可想而知大多數父母都做不到。

◎練習：詢問，不要盤問

倘若身為父母的你發現自己要應付的是蜥蜴狀況（*請看艾爾文*），或許可先做點正念練習，等感覺自己的心安定了，再冷靜地請孩子告訴你他究竟喜歡蜥蜴哪一點。這不表示之後你應該要說：「養一百隻蜥蜴吧！只要你開心就好。」但是在你開始約法三章前，至少先承認孩子的觀點，別只是說：「好吧，所以蜥蜴死了，誰不會死呢？別這樣哭哭啼啼的，你已經長大，是個大男孩了。」反之，要說些像「也許牠在外面跟朋友從這株植物跳到那株植物，會比較開心，牠不會喜歡在行李箱裡被壓碎的，你覺得呢？」他也許比較能接受這個說法。如果父母願意瞭解孩子的感覺，孩子體內就會釋放令他感覺愉悅的腦內啡，那麼在你解釋自己的看法時，他的防禦心就不會那麼強。

以下是建議你可以思考的 4 個問題：

1. 當這個狀況發生時，你心裡有哪些想法和感覺？

2. 如果這個狀況引發了你的負面反應，你想了什麼辦法穩定自己的情緒？

3. 做這練習前後，孩子有何反應？

4. 你現在有比較喜歡蜥蜴嗎？

【處理情緒】

孩子情緒激動時，別試圖讓一切好轉。人類原本就要感受七情六欲，所以要盡量讓孩子體驗，即使看他傷心難過，你心裡也不好受。情緒不是要讓人逃避的，因此別過份保護孩子。他需要建立某種應對機制，日後遇到事與願違的狀況時，才有能力處理。

> 麥克斯小時候，有次我們到公園參加聚會活動，結果在充氣城堡有人欺負他。當下我感到十分錯愕，怎麼會有人這樣對待我的寶貝兒子，讓他不好過？雖然麥克斯根本就沒注意到，或者看起來並不在意，但我全面啟動恐怖份子模式，還爬上充氣城堡，想掐死欺負我兒子的人。麥克斯嚇壞了（這絕不是多賞心悅目的畫面，因為我當時懷著八個月身孕，所以一直失去平衡摔倒）。

當然，為人母的我也會犯錯，但你可不能說我沒坦率地面對自己的情緒。有些父母會隱藏自己的感覺，即使怒火中燒，也笑得像傻瓜。他們的孩子會察覺事有蹊蹺，卻無法解開心中的疑惑。因此等這些孩子長大，也會像他們的父母一樣面帶微笑，讓怒火在心底慢慢沸騰。如果父母用一種不

帶威脅的方式表達情緒，將來孩子也有能力處理他自己的情緒。

◎練習：處理情緒

孩子受負面情緒控制時，你要察覺此事對你自己的情緒有何影響，別試圖壓抑或否認。專注於身體的感覺，而非腦子裡的念頭（*請看六週正念課程之正念情緒*）。正念的重點，不是設法讓自己心情愉快，而是能夠理解負面情緒，彷彿它們只是一種生理現象，不必加以分析。等你感覺自己的心已從驚慌狀態中冷靜下來，就能夠聽孩子說話，不爆發激烈反應，也能反映他的感覺，或許還能說些像「你一定很傷心，要是發生在我身上，我也會很難過」之類的話。重點是要認可他，而不是用「乖，乖，媽媽在這裡，不會有問題的」這種話來抑制他的感覺。

【說故事】

聽故事是孩子理解自己和世界的方式。只有角色的名字會變，但故事都是原型，主題也都相同。這些故事通常會用好人、壞人來設置道德羅盤，好人通常會贏，主要是因為他們是好人（德國童話除外，故事裡野狼會莫名其妙吃掉一大家子，不然就是吃給兩位格林先生看，因為他們是作者）。

在故事裡加入神仙教母之類的角色，通常是為了要增加趣味和找藉口換裝。故事能幫助孩子書寫自己的傳記，也賦予他的生活一點故事性及強烈的自我意識。

人類是唯一會講故事的物種，地球上沒有其他動物能做到……請動物說說看，牠們一個字也說不出來，也許只會對你哼哼叫，然後走開。

我猜想你應該已經開始念故事給孩子聽了。如果沒有，為什麼不？無論如何，現在花時間（不過只能在孩子想聽故事時）暗示孩子，也許哪次換他說說自己至今的故事，而不是聽你講故事。無論他說什麼，都要認真聽，注意力要持續集中在故事的內容和他的神態。如果他覺得無聊，或不想再說下去，就到此為止。通常如果你聽得興致勃勃，孩子也會講得興高采烈。如果你很感興趣，並且心懷慈悲，孩子將會很興奮，也會很想繼續說下去。

◎練習：木偶時間

請孩子講故事給你聽，什麼故事都行。你可以從他選的情節、角色和講述方式，得知許多跟他有關的事。如果他不想講，也不要逼他。他可能會想用洋娃娃或公仔來幫忙講故事，也許其中一個洋娃娃是他自己，另一個玩具是你、是爸

比、或是照顧他的人。發現孩子如何看待你和他以及你和全家人的關係，可能會發人深省。無論發生什麼事，都別插嘴或給建議，保持安靜。

◎練習：早期自我調整

在真正開始這個練習之前，我想強調：能夠忍受延誤，以及能設法延宕即時滿足，是每個孩子都必須學習的兩件要事。期待自己想要的一切即刻發生，往往只會導致失望。

有個著名的實驗指出，兒時延遲立即滿足的能力，對往後的課業與社交成就有何影響。研究人員請數名四歲孩童輪流進房，坐在一張桌子前，桌上放著一顆棉花糖。接著研究人員告知要離開五分鐘，不可以偷吃棉花糖，如果能忍住不吃，等他回來就會再多給一顆棉花糖。研究人員也告訴其中幾個孩子，在他離開的這段期間，如果想幫助自己不吃棉花糖，可試著不去想棉花糖吃起來的味道，而是要仔細注意它的形狀、顏色、大小。專注於這些外觀細節的孩子忍住不吃棉花糖的表現，優於那些會想到棉花糖味道的孩子。這是早期正念的一課：當下專注於某個物體，即表示你無法鑽牛角尖，而想像味道如何則會讓人一直很想吃，接下來還會想它有多美味，卻因為不能吃而感到受挫。

表現出能忍住欲望的孩子，前額葉皮質的發展優於無法克制欲望的那些孩子。記得：前額葉發展較佳，表示較能自我控制、更能集中注意力，也更有思考力。自制力最強的那幾個四歲孩子長成青少年後，在校表現優於那些較衝動的同儕，且終其一生注意力及專注力的技巧也優於同儕。

　　你不可能老是嘮叨孩子，又能成功訓練他抗拒想吃糖的欲望。這會造成壓力，最後孩子可能會把整袋抓過來塞滿嘴，吃得一顆不剩。

　　你能做的是用玩樂、創新的想法，幫助孩子學習如何克制欲望。要做得讓孩子以為他正在控制自己的情緒，你只是在幕後、在出問題時，助他一臂之力。

　　有兩個很棒的遊戲能教導幼童使用發展中的前額葉皮質，也就是「老師說」和「跳舞木頭人」。在自制力這件事上，聽提示按照指令做是一把神奇鑰匙。孩子越能夠在音樂停止時停下動作，或越能在玩老師說時聽指令做出正確的動作，掌管認知控制的前額葉皮質接線就會變得越牢固。能對自己的衝動說「不」的孩子，才是真正的第一名。

◎練習：感覺像雪花玻璃球

　　送孩子一顆雪花玻璃球當禮物。如果你因為某些原因不知道這是什麼玩意，我來解釋一下，它是一種很清澈的玻璃球，通常會有某種煽情的或吸引觀光客的景色黏在底座，也許是耶穌躺在嬰兒床裡，跟三個國王一起黏在那裡。搖晃雪花玻璃球，裡頭的亮片或白色雪花就會飄滿整顆球（想像如果真的發生這種事，耶穌會有多驚訝）。拿著雪花玻璃球不動，球裡的騷動就會平息下來。暗示孩子他可能會喜歡搖晃雪花玻璃球，然後看著裡頭的騷動漸漸平息。告訴他在感到不安或激動時，可用雪花玻璃球來反映自己的心情。生氣或挫折的情緒越強烈，就越用力搖晃雪花玻璃球。拿著雪花玻璃球不動時，就該真正聚精會神觀察球內的景象。等亮片風暴平息後，問他能否想像雪花玻璃球裡的騷動或許就像他的心情，要讓他以為你是因為好奇才隨口問問的。

　　以下是建議你可以思考的 3 個問題：

　　1. 孩子在搖晃雪花玻璃球時，感覺如何？

　　2. 他在觀看雪景時，感覺如何？

　　3. 他是否覺得自己的情緒也平靜下來了，還是依然激動

不已？

　　如果他喜歡這次的經驗，說這能讓他感覺更平靜，告訴他只要感覺自己情緒激動，即可使用雪花玻璃球。如果考試將至，或朋友讓他生氣，或他覺得老師不公平，即可拿出他的秘密雪花玻璃球搖一搖，隨著亮片安頓自己的心。這也能訓練他辨識自己的心何時憂慮過度，意識到他能把心帶回原本設定的平靜點，而不是把自己不穩定的狀態怪在別人頭上。這是早期自我調整的例子。如果孩子小時候就學到這件事，長大成人後就能辨認自己何時正切換至緣腦區。此外，只要孩子持續注意自己最初的感覺，不去思考這是誰的錯，就會知道這些感覺最後都會改變。感覺一定會變的。

　　有朝一日，等他大概五十一歲時，就算沒有雪花玻璃球，或許他也能讓自己的心平靜下來。但如果不行，也總比吸食海洛因好。

◎練習：假裝自己是貓頭鷹

　　這項練習是根據艾琳・史妮爾（Eline Snel）的著作，書名是《像青蛙坐定》（*Sitting Still Like a Frog*）。這是一本很棒的童書，利用想像力遊戲教導兒童正念。作者提供各式各樣的練習，書末還附了一片光碟。我提供的是我自己的

版本，希望史妮爾不會怪我。

請孩子描述貓頭鷹棲息在樹枝上時在做什麼，希望他說的是：「牠坐著不動，只擺動頭部和轉動眼睛，看起來高度戒備，想控制一切。」現在請他想像自己是隻貓頭鷹，在樹枝上坐定，動也不動，沒飛走，只是注意周遭正在發生的一切。你可以跟他說貓頭鷹很聰明，什麼都能注意到。請他注意貓頭鷹的羽毛在吸氣時會張開，吐氣時會收起，也請他像貓頭鷹一樣轉動眼睛。過一會兒之後，請他閉上眼睛，試著聽聽周遭的每個聲音，以及任何來自他內心的聲音。他應該要努力聽每次的沙沙聲，就算四下一片寂靜也要專心聽。另外，趁他眼睛還閉著的時候，問他有沒有聞到什麼味道。

過一會兒之後，問他是否注意到自己的呼吸慢了下來？若有的話，問他是否注意到自己的想法也像呼吸一樣平靜下來？如果他說沒有也沒關係，因為他正在學習專心和注意身體內部的感覺。

告訴孩子只要感覺浮躁、害怕或有壓迫感，即可想像自己是隻坐定的貓頭鷹，感覺翅膀上下起伏。在必須應付考試、霸凌，或別人傷害到他時，或許這麼做能讓他感覺較平靜，也更能專心。別忘了告訴他，每個人都會有這些恐怖的情緒，所以他不該假裝這些情緒不存在，或變得更害怕，但是要注

意這些情緒，想像自己是只專注於眼前景象的那隻貓頭鷹。

當孩子想睡卻睡不著，滿腦子都是煩惱、計畫，或心情激動，或正在思考某件事發生時，先不要去想他原本可以或應該怎麼做。這種時候，想像他自己是一隻貓頭鷹，也會有用。跟他說他可以想像這隻貓頭鷹睡覺前會做什麼。牠可能會閉上眼睛，讓所有念頭來來去去，只想像翅膀隨著每次呼吸上下起伏。

然後孩子就可以說：「貓頭鷹，晚安。」這時你就可以上床，也假裝自己是一隻貓頭鷹。

Chapter 8

給大孩子和青少年的正念課程

Mindfulness for Older Kids and Teenagers

在學校的正念

知名心理學家威廉・詹姆斯（William James）寫道：「一遍又一遍有自覺地將渙散的注意力帶回的能力，就是判斷力、個性與意志力的根本。而增強這份能力的教育，就是最優秀的教育。」

只是這些話被他搶先說了，否則說的人就會是我了。

學校應該把正念列為必修課。就算不是天才，學生也可以知道如果除了讀書、寫字和管他最後一科是什麼之外（我在學校表現欠佳），還能發展社交和情緒技能，那麼犯罪、自殘、藥物濫用、心理疾病，甚至自殺等行為的發生率，便可能降低。我真心希望有哪位政府官員能讀到這幾句話。

如果下一代能學到不像我們這一輩這麼貪婪，或許就能拯救被我們蹂躪的地球。我所謂的情緒智商，指的是學習如何理解其他地球人，創造信任與和諧關係，以及……可以說嗎？慈悲心。有些高成就者雖然有聰明才智，卻有著最嚴重的情緒障礙問題，還把我們這些凡夫俗子害的很慘，並且不會因為受到良心譴責。請看柏尼・馬多夫（Bemie Madoff）、安隆公司董事會（Enron）、瑪莎・史都華（Martha Stewart）、艾倫・葛林斯潘（Alan Greenspan）等。

現在的孩子被強迫餵食資訊，以換取好成績。只要他們記得事實、考試得高分，誰又在乎他們是否真正瞭解這個科目？當人承受太大的壓力時，第一個崩潰、燒毀的就是記憶力。當孩子為了得高分而被逼到極限，結果卻什麼也想不起來時，又怎能期望他們健康幸福或學到任何東西？孩子的大腦就像小型地雷，承受過大的壓力時就會爆炸。

> 我原本對歷史很感興趣，直到我必須在一夜之間，把整個美索不達米亞帝國塞進我的腦袋裡……然後還考不及格。從此我就絕口不提美索不達米亞這個帝國，它在我人生的畫面中消失了。真丟臉。本來我有興趣學好多科目，但我知道，總有一天我必須在有限的時間內，把腦子裡的知識吐在一張紙上，沒有一科倖免。於是我很早就不再因為教育而感到興奮。

別妄想有什麼事能激勵你了。你身為中高年級學生的任務，就是升學、升學、升學，永遠都有下一間學校等著你去讀。我一向無法把自己在一堂課裡學到的東西，精簡成一篇結構嚴謹的散文。我平常怎麼講就怎麼寫，有時一個句子還寫不完整。這就是為什麼我的歷史、數學、語言或大部分科目，都超低分當掉的原因，而且現在對這些科目也一問三不知。

沒失敗過就不會有鬥志。嘗試、失敗，再嘗試、再失敗，是改革者做的事……那些人是真正的勝利者。每個墓誌銘上都應該寫著：「她／他嘗試過了。」每件新發明、新創作，哪個當初沒遭人奚落？許多人傾向於反對創新的想法，是因為他們自己做不到。教師應該教孩子勇於思考，不必擔心說明自己偉大作品內容的拼字分數被打不及格。莫札特可能也不會拼字，美索不達米亞人可能也沒一個會拼字（我的歷史就只學到這裡）。教師不要只是花心思把資訊塞進孩子腦袋裡，雖然這麼做的話，孩子會有能力把資訊反芻到考卷上，但隔天就忘了。教師應該做的是點燃孩子小小的想像力。「豬不會因為你幫牠量體重就變胖的，好嗎？」

　　在我一帆風順時，我認為學校應該開一門課傳授失敗的藝術。學生必須知道如何應對失敗，越早越好，因為在往後的人生裡，他們將遭受地毯式的失敗轟炸。如果他們真的相信自己隊長的地位會延續到畢業後，就會發現自己將在熊熊烈火中慘遭擊落，全身三度灼傷。

　　這就是為什麼最受歡迎的啦啦隊員，最後往往都變成用性換取毒品的妓女。她們沒準備好面對這遼闊的世界，沒學到所有課程中最重要的一課：你不可能永遠意氣風發。馬尾、大胸脯、微笑時露出潔白的牙齒，這套裝備到四十五歲就毫無用處了。

我在孩子中學畢業典禮的致詞摘要

我受邀發表專題演說，前一年邀請的是名演員丹尼爾・克雷格（Daniel Craig）……這檔次也下降得太快了吧！我決定以慶祝失敗為主題，以下是我的致詞內容。

> 我在校表現不佳。起初我是每科都不及格，偶爾有幾科及格、帶有犯罪傾向的學生（這是老師寫給我媽看的評語）。教打字的老師也寫道：「茹比的想法與最後入獄服刑的那些人雷同。」我最擅長的科目是惡作劇和在女廁抽煙，也會在更衣室提供穿耳洞服務。
>
> 只要能不上學，我什麼事都做得出來，像是我把生魚放在天花板的照明燈裡，搞得全校師生都必須疏散，卻從沒有人發現臭味來自何處，或罪魁禍首是誰。我在科學課做了一座火山，放火燒學校。我無法專心，因為我家狀況不穩定，於是我被安置在英文補救班，那一班沒有人會說母語或外語。老師要我們朗讀自己最喜歡的詩，但我們什麼詩也沒讀過，所以有些人只朗讀流行歌的歌詞，除此之外的東西都太耗腦力了。我還記得我的學力測驗成績低到我媽堅稱評分機器一定有問題，要我再考一次。考卷上有一題是「下列選項何者與其他選項不同：犀牛、狗、老鷹、朝鮮薊」。我選不出來，因為我看不

出這些選項有哪裡不一樣。

我認為自己做這麼多事還失敗，是因為每個人都放棄我。沒錯，我很怪，但上學的重點是要點燃某樣東西，讓人強烈渴望好奇心。若能持續燃燒這份好奇心，這輩子就算不是真正的明星，也等於是樣樣都拿高分的明星。

好奇心是人與動物有優劣之分的原因，但遺憾的是許多人卻擺著不用。他們雖有好奇心，卻因久未使用而荒廢。我遇到許多人不問問題，包括一些絕頂聰明的人，他們的智商高到超出地表。但對我來說，沒好奇心的人跟白癡沒兩樣。好奇心是我們與生俱來的特質，那麼這項特質是何時被拿走的？兒時的我們渴望資訊，對資訊貪得無厭，只想受到激勵，根本不在乎內容是什麼。然後學校出現了，凡事取決於分數這件事，硬生生地澆熄了好奇心的火花。我知道好成績可以讓你進入好大學，之後你會參加最棒的派對，但也可能會變得依賴追逐成績這種事，而且更糟的是如果父母對你要求過高，你便會發現自己終其一生都有追逐成功的習慣，以為前方有獎品，卻永遠也構不著。就算你哪件事做成功了，可能也只是想贏得比賽，而不是為了達成目標的那種個人滿足感。如果你只是為了錢或為了讓別人佩服才這麼做，

包括你父母，那麼你就離發瘋不遠了。唯有發現自己熱愛的事物，人生才值得活。

我知道這裡的老師已經在你們每個人心中，點燃了對某一科的火花。一定也有人點燃了我心裡的某樣東西，因為當我人生的第一幕結束（我不能再主持電視節目了），必須重頭來過時，依舊記得自己曾經很喜歡心理學。於是幾年前，我跳上離開憂鬱村的最後一班飛機，重返校園學心理學。這次沒有人嘮叨我要努力考好成績。如果連我都能有這麼大的進步，相信誰都能做到，只是要學習如何面對失敗，然後東山再起……如果你不適合這個方式，這樣很棒，因為你就會發明一個新的方式。

我要用一句話來總結今天的演講，因為我很喜歡這句話：「人生是一場測驗，僅此而已。倘若此生為真，你將接獲更進一步的指示，告訴你該往哪裡去，該做哪些事。」──傑克‧康菲爾德（**Jack Komfield**）。活著的每一分鐘，你都要忠於你自己。

　　學校終於教正念了。歌蒂‧韓（Goldie Hawn）的「腦力升級」（MindUP）課程在美國大獲成功，英國現在也採用這套課程。在英國推廣最成功的其中一套學校正念課程叫

做 .b，計畫發想人為克里斯・科林（Chris Cullen）、理查・伯納（Richard Burnett）等人。為了教導 .b，教師必須先接受八週的正念訓練課程，因為他們在教人之前得先自己實作看看。這套課程是設計給十一到十八歲的中小學生，另外還有一套給五到十一歲小學生的課程叫做「小爪子 b」（Paws b，適用於 7-11 歲），使用動畫、影片、遊戲等方式教導正念。相關練習可至以下網站下載：http://mindfulnessin-schools.org/waht-is-b/sound-files/。

教大孩子正念

以下是我最喜歡的幾個 .b 練習，父母可在家試著跟孩子做做看。但如果孩子不巧處於全面戰鬥狀態，那就算了。

【小野狗腦】

.b 用此意象，將小孩未調伏的心比喻為未馴服的小狗。一開始先提到小狗會做的事：製造混亂、汪汪叫、想撲到你身上、咬你的腳趾，而且常活潑過了頭。小狗會做的另一件事，是帶東西給你，例如被咬爛的舊洋娃娃頭，讓你知道牠想幫忙。這是個很好的意象，能展現心智的運作方式，也就是明明想思考某些特定的事，心卻不斷招來許多不相干的事。

問孩子：「如果你用罵的想讓小狗守規矩，會發生什麼事？」（孩子可能會回答說小狗會跑去躲起來）。「要是不理小狗呢？」（小狗就會跳上跳下地叫個不停）。如果你叫小狗注意，牠不會知道你在說什麼，因為他只會汪汪叫。.b課程說我們的心就像小狗，只不過會製造更大的麻煩。

現在你應該已經掌握這個練習的要領，明白這個比喻是用來教兒童：每個人的心就像小狗，除非我們平靜、仁慈地對待它，不因心浮氣躁而生自己的氣，只是這樣只會讓心更難安靜下來。

◎練習：注意

在練習用刻意注意的技巧時，請孩子（們）盤腿坐在地板上，脊椎挺直但不緊繃僵硬，然後跟他們說把注意的焦點傳送到腳趾（甚至可以一次一根）。孩子可集中注意力在每個身體部位，細究那裡的感受，是刺痛？嘶嘶作響？跳動？還是麻麻的？這能強化孩子注意的能力，讓他有能力注意到：思考身體的某部位跟體驗該部位的感受，兩者之間有何差異。要確定孩子知道，如果什麼都感覺不到也沒關係，至少他注意到了。

請孩子輪流把注意力（就像用一道細小的光束照）傳送

到以下每個區域：

雙手（也許每根手指）

雙腳（也許每根腳趾）

右膝

左手肘

右耳垂

左眼

現在換鼻子，感覺氣息從鼻孔進出（這氣息是冷的、溫暖的、長的或短的？）

最後請孩子想像打開手電筒的鏡頭照亮全身，同時呼吸的樣。她應該想像自己的身體像氣球一樣漲大、縮小、漲大……依此類推。

然後請她睜開眼睛，伸展四肢，活動身體。

◎練習：兩分鐘挑戰

請孩子把呼吸集中在身體最有感覺的地方，例如鼻子、肚子、胸部……如果這樣太難，可以數十次呼吸，然後再重頭開始。如果孩子想這麼做要的話，數呼吸時可以說：「吸氣／吐氣算一次，吸氣／吐氣算二次……」，依此類推。

這個練習的目的，是看孩子是否能把呼吸集中在那個身體部位，持續兩分鐘。心飄走時，跟自己的心說要乖，跟管教小狗一樣，再把注意力帶回來。這叫做瞄準、撐住。

【猴子心】

另一堂課的重點是學習在思緒狂亂時保持冷靜。

告訴孩子，她的心也有自己野性的生命，就像猴子會從一根樹枝跳到另一根樹枝，忙個不停，心也會從一個念頭跳到另一個念頭。如果孩子開始感到氣餒，或對猴子很壞，她可能會注意到猴子只會發狂得更厲害。

◎練習：腳放地上，屁股坐在椅子上

當孩子注意到她的「猴子心」控制了她，正拉著她從一

棵樹跳到另一棵樹時,「腳放地上,屁股坐在椅子上」就是急救幫手,可用這個練習當定心錨。

請孩子坐在地板上或椅子上,把注意力傳送到與地面接觸的雙腳。她應該會察覺到自己的襪子、鞋子、腳趾、腳跟和腳掌的感覺,然後她可以專注於屁股接觸地板或椅子的感受。請她想像打開自己那支手電筒(心眼)的鏡頭,照亮全身。

◎練習:呼吸

孩子處於「猴子心」狀態時,可以使用的另一項工具不是設法讓思緒慢下來或消失,而是只要注意自己的呼吸(長吸氣,長吐氣)即可。過一會兒之後,她可能會注意到自己的心/那幾隻猴子慢下來了,累了,也可能開始注意到她的念頭不由自主地擺盪。你不必看得太嚴重:這只是念頭表現得像瘋猴,正在做它想做的事。

【鑽牛角尖】

告訴孩子有個永遠沒完沒了的思考鍊,叫做「鑽牛角尖」(也要跟孩子說每個人都會這樣)。正在鑽牛角尖的人會想些像:「為什麼我沒受邀參加派對?一定是因為沒人喜

歡我，連我都不喜歡我自己。我為什麼不喜歡我自己？因為大家都覺得我很怪。為什麼我這麼怪？因為我就是很怪，所以他們不喜歡我。為什麼他們不喜歡我？因為……。」就是這種念頭讓人整夜輾轉難眠。

「鑽牛角尖」一詞源自母牛消化青草的行為：牠們會一嚼再嚼才吞下肚，而且還不是這樣就結束了，接下來牠們會再把食物吐出來……然後又嚼了起來。這就是我們在做的事：終其一生，嚼個不停。

◎練習：睡前冥想

「睡前冥想」是孩子晚上睡不著時可使用的練習。

你要鼓勵孩子做的是，另一種版本的「雙腳踩在地上，屁股在椅子上」。這是一種躺著做的身體掃瞄，而不是想釐清她怎麼會怪成這樣，為什麼沒人喜歡她。

你也可以加入，一起做這個練習。兩人仰躺，手放兩側。首先要注意自己的呼吸，以及你在身體何處明確感覺到呼吸。呼吸要緩而深長，每次吐氣，都要感覺身體陷入地板裡。允許所有緊繃徹底消失。你應該全身都感覺得到，從頭到腳，注意力集中在雙臂、雙腿、軀幹、肩膀、頸部和頭部。如果

注意到任何緊繃的部位，就想像氣息吸入該部位，然後再吐出來。吸入氣息有助於你聚焦於緊張的部位內部，而吐出氣息則有助於你想像自己放開緊繃的部位。此外，感覺緊張時，把焦點傳送到雙腳，離頭部越遠越好，彷彿你正由內而外感受雙腳。感覺氣息充滿身體，而身體也因每次吸氣、吐氣而變得更沉重。若運氣好，應該做著做著就睡著了。

◎練習：活在此時此地

這個練習是要孩子發現當下，學習只要想要就能造訪當下的技巧。請孩子注意自己何時處於自動導航模式。在刷牙、洗澡或玩遊戲時，她是否注意到自己的心在何處？告訴她每個人都偶爾需要開啟自動導航模式，但不能總是如此。抵達當下最直接的方法，就是開始使用感官：聽某種聲音、吃巧克力、聞花香，摸青蛙，做什麼都行⋯⋯

【念念分明地吃】

請孩子像平常那樣吃巧克力，然後問她是否真的在品嚐巧克力的味道？是不是連正在吃的第一塊巧克力都還沒吞進去，就想把另一塊放進嘴裡？若是的話，這就是處於自動導航模式的情形。

接下來，請孩子拿一塊巧克力，或拿一小顆喜歡的糖果，要一口能吃下去的大小，然後仔細檢視它的顏色、輪廓、形狀，彷彿她以前從沒見過這種東西。現在請孩子把它拿起來用鼻子聞。接下來，要她刻意放慢每個動作，把巧克力或糖果放在舌頭上，再擺在兩排牙齒之間，然後咀嚼，咀嚼時要體驗並品嚐味道的層次。歡迎來到此時此刻。

人生不會總是一碗甜滋滋的巧克力。孩子在一定會遭遇到不喜歡的事，而她也必須覺察這些時刻。

請孩子去拿某樣不喜歡的食物，可能是橄欖（我小時候超討厭橄欖，後來年紀大了，反而喜歡了），請她做跟剛才吃巧克力時一模一樣的事。她可能不喜歡這食物的味道，但她應該經歷每個步驟，帶著好奇心注意不喜歡某樣東西的感覺，還要注意她的心有多努力在告訴她：別再吃了，把它吐出來。這能教她即使事情不如人意，也要接納那次的經驗。

◎練習：念頭並非事實

請孩子做一個叫做「看雲」的練習，把念頭想成是掠過天際的雲朵。請她抬頭注意雲朵來去的樣：無論雲是重或輕、烏黑或明亮，每朵雲都是來了又去。

請她把心裡的念頭想成是廣播節目，並當作是背景在播放，也別投注太多心思在這些念頭上。

當「我很笨，我不夠好，沒人喜歡我，我很怪」之類的念頭，像曲調般地進入她的腦海時，這個練習會很有幫助。她可以讓這些念頭播放，卻不放心上。它們只是曲調，不是事實。只要不賦予它們力量或不把它們當一回事，這些念頭就傷不了人。

◎練習：學習處理壞事

感覺跟念頭一樣，來了又走。你無法避免壞事發生，但你的心卻可能讓事情更糟。

請孩子在一張人體輪廓素描圖上，畫出自己在身體何處感覺到壓力。她可以列出覺得壓力大的事，例如考試、感覺被排擠、覺得自己很怪，然後再列出這些事對她的身體造成哪些影響，例如頭痛、流汗、心悸、胃痛。接下來，如果她能學著不聚焦於想法，只聚焦於身體的感受，就會注意到感覺來來去去：它們只是感覺，不是事實。無論發生什麼事，都不該忽略或試圖壓抑這些感覺。感覺永遠都在那裡，因此唯一的處理方式，就是直視它們，或者聚焦於這些感覺，然後接受它們。千萬別助長這些感覺。

好啦！放學了，接下來只講念念分明地玩

孩子不可能不玩電玩遊戲，如果你想約束他們，那祝你好運。我們可以討論電玩對孩子的心智的影響有多好或多壞，但電玩的存在已是既定的事實，而且只會越來越多。有些青少年不但不肯在學校學正念，也不肯跟任何人學。於是我不由得想，或許可藉由電玩教導他們正念，增強他們專注於特定目標的能力，同時抵禦令人分心的事物。

我兒子麥克斯從事設計與編碼工作，目前正在研發如何將減輕壓力與情緒智商元素的技術，加進電玩裡。身為他母親的我之所以會提到他，是因為這是我媽會做的事，而我很討厭她這樣。

【一天只拍一張照片】

通常使用 Instagram 的目的，是看有多少人幫自己按讚，來決定自己有多受歡迎。只要有幾個人不按讚，就會真的讓人感覺自己很失敗。這個練習的目的是拍一張能吸引你注意，也能帶你進入此時此刻的。不是一張匆忙按下的自拍照，而是一個你真的想細細品味的時刻。當你停下腳步真正欣賞眼前的景物，心裡的噪音會止歇，而這就是正念的一刻，也是一種儲存記憶很棒的方式。因為有別於其他時候，你會記

得自己曾在那裡。你可以開始跟朋友分享這些正念時刻，讓
大家都能知道這種作法。

【麥克斯的另一個點子：說戒就戒】

　　這裡有一招能幫助你戒掉成天吸食「數位產品毒」的癮
頭。任何時候，只要聽到乒、嗶、蟋蟀鳴、駝鹿叫、裁切機
掉下來等聲音，或任何一種電話鈴聲，我們就會感覺鬆了口
氣，因為覺得有人正在某處想著我們，就算是打錯電話也好。
問題是：乒聲結束後不久，你便立刻回到原點，感覺寂寞、
孤單。這才是真實情況。如果你真的需要或想要注意某件事，
就用手機設定你想要專注的時間長度。那段時間，手機要關
機，電腦也一樣，你不能上推特、用臉書，寫電子郵件、拍
照、看網飛（Netflix）或使用 Grinder 和 Tinder 等交友軟
體。現在專注於你的工作。當你注意到自己有股衝動想用某
樣 3C 產品時（這一定會發生），就去感覺這股衝動在身體
的哪個部位，然後溫和地將焦點帶至該處。等計時器的嗶聲
終於響起，那應該是慶祝之聲：大家都在鼓掌，交響樂團全
員都在演奏，還有合唱團唱歌向你致敬，或英國女王親自向
你致謝。試試看能不能把設定計時器的時間每天往後延長一
些，然後，到了週日，你應該就能跟上帝一樣休息一天。這
個活動的好處是你可以用手機來避免手機讓自己分心，這也
算是另一種雙贏。

我認為將來的電玩遊戲應減少斬奸除惡的劇情，同時增加一些跟壞人談判的場面。比如試著走進對方的內心，去體會他的感覺，再根據結果做決定。市面上已有教導如何解讀他人情緒的遊戲，例如訴說遊戲公司（Telltale）的《行屍走肉》（*Walking Dead*），內容自始至終都是關於在高風險的環境營造社交關係。現在市面上有些遊戲很適合用來訓練連環殺手。下一代的遊戲或許可以改為教導情緒智商。我們必須停止將人二分為好或壞，每個人都有多重身份，有像天使的一面，也有像魔鬼的一面。我們必須稍微學點同理心，因為在各式各樣的髮型底下，每個人都大同小異。

青少年哪，讀我的唇語：「不是他的錯」

在這顆地球上的每個人都會經歷這個階段：青春期總會發生，而且也已發生了數百個世代。青春痘無所不在，會冒在祖魯族人臉上，也會長在瑞典人臉上。女生自十一歲起變得喜怒無常，一直持續到十八歲；男生則是從十三歲開始，大約在二十四歲結束……但有些男生的青春期一輩子也不會結束。

跟養育青少年相比，兩歲的嬰兒簡直像在馬爾地夫度假。但孩子並不是為了折磨你才故意表現得喜怒無常，而是

因為他的大腦正在經歷一種變化，所以不要翻白眼，不要向全世界宣告你的孩子是個懶惰的海蛞蝓和瘋子（如果你還記得自己也曾是青少年，而且父母也會翻白眼）。青春期的孩子不知該如何調整自己，他們前一分鐘還陰陽怪氣的，下一分鐘又變回媽媽的小寶貝。就像跟一頭剛出生的獅子住在一起，前一刻牠還伸出爪子想把你的眼睛挖出來，下一刻牠就想跟你撒嬌。如果父母知道這件事會發生在每個人身上，應該會感覺如釋重負。請瞭解青少年子女只是表現出這年紀的孩子正常發展的樣子，而且他們不見得會變成連環殺手（我爸媽以為我會）。

如果你知道發生在青少年大腦裡的神經變化與你無關，養育青少年子女的壓力就會減少許多。這段期間，你有機會清除在孩子仍是嬰兒的關鍵期，你可能製造出的混亂。青少年是另一個關鍵期，此時他的神經連結會重新接線，除去無用的連結，再接上新的連結，這也是你幫助他重新雕塑的機會。

青春期那幾年，有些大腦迴路明顯與兒童期不同。我之前提過，嬰兒期的孩子會快速增生數十億個神經元，這些神經元森林在那裡等著裝滿數十億位元的資訊。嬰兒大腦的運作有如海綿，眼睛看到的、耳朵聽到的，幾乎一律照單全收。

到了青春期，神經元又會再次快速增生，重設大腦程式，同時伴隨著化學與荷爾蒙變化。之所以會發生這些變化，與環境影響或你很嘮叨無關，因此無論你做什麼，都阻止不了這些變化。所以你想叫就叫吧！但這麼做也無法阻擋即將在孩子身上迸發的大量睪固酮或雌激素。這些荷爾蒙在胚胎期便已開始醞釀：女生分到的是雌激素，男生則是睪固酮。這個差異的結果，不必我來告訴你，你可以去讀那好幾百萬本探討男女為何意見不一致、而且永遠都會意見不合的書。睪固酮能引發衝動、侵略性，以及對女性胸部的迷戀；雌激素則導致情緒變化莫測，會在幾秒鐘內愛上一個人和不愛一個人。男生和女生都會出現這種情緒起伏的情況，這說明了為何青少年子女會在幾秒鐘內，從英國凱特王子妃變成成吉思汗。

> 進入青春期之後的狀況更糟了。一變成青少年，我就休克了，好比我的器官原本只是無所事事地坐著嚼口香糖、閒話家常，突然間，轟！雌激素大量分泌，荷爾蒙開始冒泡，就像維蘇威火山即將爆發前那般情景。爸媽越想管教我，我就越叛逆。我活著的唯一理由，就是推翻舊政權，燒毀總統府……而且我從不怕麻煩。我不但十六歲就離家出走，還用賣大麻賺的錢，搭便車橫跨歐洲，打算加入一個叫做生活劇團（Living Theatre）的左翼劇組，該劇組主要從事裸體表演（只戴瓦斯面罩），以及當著觀眾的面尖叫著說他們正在用什麼方式殺小孩

（生活劇團因為行為猥褻被關在巴塞隆納監獄，所以我從未找到他們）。之後，為了某些我當時不瞭解、現在也不記得的政治理由，我和別人同心協力，讓我念的那間大學倒閉。我們怒氣沖天，因為厭惡某件事而抵制上課，在校園裡搭起印著和平符號的帳棚，就這樣住在學校裡，抽大麻抽到凌晨。我通常打扮成毛主席，手上揮舞著一本紅色的書，但那其實是電話簿，只是我把它塗成紅色。我好勇鬥狠，曾進入一間豪華餐廳解放水缸裡的龍蝦，讓牠們重獲自由。遺憾的是許多龍蝦都被駛過的卡車碾斃了，但心意最重要。「停止虐待動物！」我拿著擴音器大喊，龍蝦肉劈哩啪啦地打在我身上。

所以，我不知道青少年很難相處這件事有什麼好大驚小怪的。跟我相比，我家小孩遜斃了。

瞭解在青少年的大腦裡有哪些東西

我只在這部分提及八個變化最劇烈的主要區域。

杏仁核 除了荷爾蒙的變化之外，大腦還進行了全面翻修。情緒主機板（杏仁核）在女生身上早一年半發展，但男生將迎頭趕上，然後雙方都會出現情緒起伏，相形之下，躁

鬱症還算是小毛病呢。這些情緒崩潰，意味著青少年的邊緣系統，就像一台因超載而當機的電腦，正充滿著無法控制的情緒。如果你動怒了，只會激怒他，讓第三次世界大戰就此爆發了。所以你必須維持專注，保持冷靜，試著站在他的立場著想，幫助他學習如何冷靜下來。

前額葉皮質　前額葉皮質在此階段仍在施工中，因此總是無法發揮最大的功效。有時它能做出好的決定，有時卻故障了，於是青少年的情緒就激動起來。這種情況發生時，你會看得出來，因為你家那位青少年子女會大發雷霆，批哩啪啦指控你有多不公平，然後碰的一聲關上門，把自己關在房裡播放吵死人的重金屬音樂，還把枕頭扯爛。別擔心，這是青少年的大腦在適應新環境的典型症狀。

青少年的前額葉皮質開始和大腦其他區域連結，而這種整合最後將發展出自我意識、同理心，以及三思而後行的能力。

腦幹　青春期前幾年，原始腦較活化，因此在表面下汽化的激烈情緒，可能會突然像火山一樣爆發，岩漿噴得到處都是，誰在附近誰倒楣。我說過，青少年的前額葉皮質仍在建構中，因此他脾氣一來，絕對找不到方法控制自己的情緒。在前額葉皮質不夠稱職的情況下，他沒多少同理心，所以也不在乎別人有何感受。這就是為什麼父母通常會被視如糞土

的原因。他可能不是在生你的氣，只是你剛好受到波及。你可能剛問了句：「有人要吃三明治嗎？」他就把你的話詮釋成你在暗指他是白癡，連美奶滋和折衣板差別在哪都不知道。

海馬迴 這些神經活動都需要消耗大量的能量，這說明青少年為什麼白天要睡三十七個小時的原因。因為他們的海馬迴還沒長好，所以就算他們終於醒了，也無法專心，很難儲存長期記憶。現在你知道為什麼不管你講幾遍，青少年子女卻還是不記得了嗎？這就是原因所在。

化學物質 青少年完全沒有自我調整的能力，因此無法分泌讓心情愉快的生化物質，處理自己的情緒劫持事件。那些生化物質就是在危機時刻，讓人冷靜下來的雌激素、血清素和多巴胺。他也無法製造腦內啡（另一種讓心情愉快的化學物質），而腦內啡能關閉腎上腺素、減輕壓力，並減少因壓力而產生的負面想法。

壞東西 接下來不講皮質醇，因為已經講夠多了，但這就是青少年和成人在壓力大、不知所措和憤怒時，所疲於應付的物質。快要成年的青少年有三分之一以上會出現失眠和飲食障礙問題。只要練習正念將有助於解決失眠、擔心考試、想法和心情焦慮，以及飲食障礙等問題。

血清素 血清素能緩和青少年的衝動行為，調整他的睡眠模式。這就是他會在很奇怪的時間睡覺的原因。

多巴胺 青少年需要濃度剛好的多巴胺，才能引發他的動機，濃度太高則會讓他上癮、沮喪，甚至演變為生理疾病。這種東西很容易讓人上癮，因此他冒的險會越來越大。每次興奮過後，他就必須尋求另外的刺激。

多巴胺助長衝動行為，而且沒有按鈕可以關掉它……永遠都沒有。這是一種叫做「超理性」（hyper-rationality）的狀態，處於這種狀態的青少年不會設想最糟的情況，只求當下的過癮、刺激。你讓青少年子女日子不好過的部分原因，可能是在內心深處，你嫉妒他正過著人生最快樂的時光，而你卻度日如年。

青少年正在經歷的另一些事

【獨立】

　　幼獸一出生，立刻能跑、能跳、能從父母身邊飛走，青少年子女也會離家尋求獨立。如果他想讓自己有能力克服人生的驚濤駭浪，就必須獨立。他將向你道別，隻身前往探索這個世界，尋找新奇的事物，冒險，結交朋友，應付混球，最後領悟到世界本來就沒有公平這回事（「不公平」是青少年老掛在嘴邊的幾個字）。這種變化可以在青少年階段，新皮質會變厚，在大腦成像中測量出來。新皮質變厚的結果是有意識的覺察增加，進而產生自我意識。這種自我會要求當父母的你退出他的生活，於是一轉眼你就消失了，從神一般崇高的地位，變成黏在青少年子女鞋底的髒東西。

【與同儕培養感情：結交朋友】

　　青少年會從自己的報酬系統接收到催產素，而催產素讓結交朋友變成他們的世界最重要的一件事。他們想受人歡迎，想被某群人接納，無論要穿多少耳洞或刺多少圖案在身上，他們都肯做。對他們來說，受人排擠簡直生不如死，因此未受邀參加派對比得膀胱炎還要嚴重。

孩子進入青春期後，如果是男孩，就需要脫離媽咪；如果是女孩，就需要脫離爹地。理由是孩子小時候太愛爸媽了，要不是有這種分離期，他們可能會想跟爸媽結婚（*請看伊底帕斯，Oedipus*）。對此時的青少年來說，朋友變得比父母重要許多，因為來日等媽咪和爹地上天堂之後，朋友將是保護、養育他們的人。

【創意思考】

　　青少年會在某個時間點覺得爸媽很無趣、很老派（真不懂這是為什麼），於是他想讓自己的想法更創新，想發明新觀念、新概念，什麼都行，只要不讓他落得跟爸媽一樣的下場（通常還是會一樣，但身為青少年的他們仍會提高目標）。他不想像小時候那樣死記硬背地學習，現在他會爭辯，什麼都想試（累死人了）。這種情形將一直持續到他成年，屆時他又會被塞回盒子裡。每個世代都覺得自己必須超越上一代，必須想出獨一無二的解決方式，才能安然度過更複雜的世界。就像你那部老舊的撥號電話早已被 iPhone208 所取代，而你的吸塵器是用聲控的。

　　每個世代都認為自己的父母毀了這個世界。青少年的任務，就是整頓父母所犯的錯，責怪父母是自私、貪婪的混蛋，凡事只想到自己。世界變得一團亂、冰帽融化、年輕人找不

到工作也存不了錢，因為錢都被老一輩花光了，這些全都是父母那一代的錯（這幾點他們倒是全說對了）。

【冒險】

對青少年來說，不冒險才是最大的風險。人類之所以會進步，就是因為年輕的一輩總是會到外頭打拚，不顧一切，而老一輩的人卻只會邊看電視邊流口水。現在青少年的大腦正以飛快的速度製造多巴胺，無論這次的挑戰有多危險；如果青少年的朋友正在看他表現，他就會冒兩倍大的風險。十五到十九歲青少年的死亡率，是十到十四歲兒童的六倍。

> 十七歲時，我和朋友聽說墨西哥有個叫做蓬塔亞雅的慶典，於是搭了二十七小時的便車前往。抵達該地時，有個賣玉米餅的乾癟老頭給了我一杓仙人球膏（mescal）的迷幻劑，我以為那是有機版的仙人球膏，於是吞了一大口，結果我三天後才醒來，發現自己躺在街上，臉上有腳印……還錯過了那次慶典。最後我的朋友棄我於不顧搭上一輛，所以我只能自己載滿吸了仙人球膏瘋瘋顛顛當地人的公車，進入墨西哥南端的叢林。聽說那裡有個嬉皮社區，我想去找他們。我轉搭了一輛三輪公車，頭上有一隻雞，終於在四天後找到他們。我在那裡待了一個月，期間我爸媽一直打電話給我的大學室友，問我

在哪裡。一整個月，她都說我在洗澡。等我爸媽終於發現沒有人會這麼愛乾淨，就把我提報為危險人物，於是我一回去就被逮捕了。

"

冒險當然有缺點，例如開車衝進別人家客廳，肚子被搞大了卻想不起來孩子的爸是誰。

念念分明地當青少年的父母

對情緒崩潰的孩子大吼大叫，他只會吼回去，變得更生氣。如果你能管理好自己的情緒，他才比較有可能改變。幫助他處理你和他的皮質醇過度分泌的情況，他的前額葉皮質便能成長茁壯。首要之務是學習在想陳述清楚自己的想法時，刻意修飾口氣，不要用我從小聽到大的那種嘮叨、尖銳的聲音說話。

"
我想過用動手術的方式，把父母從我腦子裡除去，卻發現這是不可能的事。直到今天，我心裡那位批評家還是有維也納口音，聲調是最高音的 Fa，很像響個不停的空襲警報。這就是為什麼我體內的每個器官隨時準備好打下一場游擊戰。我爸媽不喜歡我抓狂的模樣，所以長大後，我們的感情很淡，我也永遠無法真正瞭解他們。

以致於我們很少見面，也經常處於劍拔弩張的狀態。我覺得這是他們的損失，也是我的損失。要是他們能對我說，有哪件事他們可能弄錯了，哪怕只有一次也好，我就會原諒他們所做的一切。

【自己要秉持正念】

只要身為父母的你能秉持正念，孩子就比較容易心存正念。如果你正在打心理戰，大吵大鬧還加上比手劃腳，青少年子女可不會輸給你，他會立刻還以顏色。如果他只是坐在那裡默默承受，問題可能更嚴重，因為他要不是坐著生悶氣，要不就是關閉了。你必須用他的語言說話，用他的眼睛看事情，而不是感到挫敗、無奈，堅稱他在說什麼鬼話你一個字也聽不懂。你必須承認他愛冒險、尋求獨立、把朋友看得比父母還重要，這些全是必經的過程，也是他自然發展的一部分。

但不要開始發瘋似地對他咧嘴笑，他能察覺出你是否表裡如一。青少年是專業的「虛偽」偵探（請看《麥田捕手》 *The Catcher in the Rye*）。

【承認錯誤】

要是你發了一頓脾氣（作父母的都會這樣），等塵埃落

定，跟孩子說你很抱歉，承認你並不完美。他已經知道你不完美了，但知道你有自知之明也挺不錯的。你不會想捲入互相推諉卸責的情境，你一言我一語地說著「都是你的錯」「不是，是你的錯」「最好是，明明錯的人是你」。你的憤怒會助長他的怒氣，卻於事無補。

【同理】

如果青少年子女因為他沒選上足球隊，或表白遭拒，而帶著一顆破碎的心回家，請聽他說話。別給建議，而且還要理解他的痛苦……少來了，你記得被甩有多痛苦，所以大方跟他分享你慘痛的經驗吧！青少年很喜歡聽到他們現在的痛苦，你也遭遇過。你的經驗越慘烈，青少年子女就越開心。在他眼中，你會變得比較像人類，而不是火星人。只要你想瞭解他，他也會想瞭解你。別說教，要詢問、開明、隨機應變，不要說三道四（青少年痛恨被批評）。他甚至可能會讓你進入他的世界，還附贈讓你看見真正的他。

如果哪件事恰巧被你說中了，千萬不要說：「就跟你說我是對的吧！」或「你為什麼不一開始就聽我的呢？」先忍住，別誇大其詞，也不要得理不饒人。如果為人父母的你能忍住這股衝動，維多利亞十字勳章就是你的了（我的修養還不夠，會說個沒完沒了）。

【妥協】

妥協是重要關鍵。如果你想要青少年子女洗碗和一個月換一次褲子，可能得忍受他的房間像被炸彈炸過一樣。這不僅能讓你的日子比較好過，也能給青少年子女學習成人談判技巧的機會。

跟他們商量。如果他能在規定時間內把廚房清乾淨（我試過跟孩子解釋我不是奴隸，也不是專業的清潔人員，但他們不信），就給他一點時間上網。

【跟他們溝通】

你跟青少年子女快要打起來的時候，應該要有人開始想想別的辦法。那個人可能是你，因為你的前額葉皮質比較大，而且在理想的世界裡，你也應該比較有自制力。根據我自己做過的實驗，叫得比他大聲、冷朝熱諷、恐嚇威脅、奪門而出，其實不大能解決紛爭。

覺察就是王道，所以要設法注意你那憤怒的爬蟲類還只是個小嬰兒，尚未變成發育成熟的大暴龍的時候。如果你不留意，放牠出來的話，青少年子女也會放他的小暴龍出來，於是原本的紛爭將演變成一場獵殺行動。無論「這是你的錯。

才怪，是你的錯。最好是，明明是你……」的爭執持續多久，親子雙方都是輸家。我知道「發怒」的感覺有多好，但最後你們的關係將遭受更大的傷害。現在你們兩人體內都充滿了皮質醇，我確定這東西對你的健康並無益處。你在一場速戰速決的戰役中毒害了你的孩子，也毒害了你自己。

如果你能在怒氣爆發前，甚至在剛發怒時，便有所覺察，可試著說：「我聽到你說的話了，不過我現在需要花幾分鐘思考這件事，之後我會再回來找你」你現在可以離開房間，休息片刻，忍住揮拳……或用他的頭……在牆壁打出一個洞的衝動（要是你忍得住，本人在此向你行鞠躬禮）。

等你回來時，他可能還在生氣，但相信我，這是唯一能讓你們雙方冷靜下來的方法。等你再回到房間，繼續吵下去或爭辯兩人為何會吵起來，並無助於事態發展，只會重燃戰火或繼續指責對方不是。設法讓他明白（也許等兩人都不氣了，而且相處融洽時）：人類在內心深處還是跟原始人沒兩樣。

【向青少年子女學習】

成年人可向青少年學習幾項他們那一代的絕招，例如活在當下，在事物中發現新奇之處，尋求新的刺激，以及結

交更多的朋友，而不是老做些一成不變的事。有些成年人知道這是快樂之道，所以你才會在格拉斯頓伯里看到這麼多老人。花點時間跟青少年在一起吧！因為有時候跟他們鬼混，比跟你那些無趣的老朋友在一起要有趣多了！

【好了，好人演夠了】

要掌握重點。如果你老是嘮叨個沒完沒了，最後孩子會裝聾作啞；如果你隨時準備好處理真正不能姑息的行為，青少年子女會明白當你約法三章時，是真的說到做到，因此會認真聽你說話。等到你真的約法三章時，不要語帶嘲諷、憤世嫉俗或批評指責，因為在他的腦子裡已經有夠多這種自我攻擊的話了。一定要依罪量刑，別又長篇大論何謂羞恥心，這會讓他覺得顏面無光。

【協助他】

如果你注意到青少年子女體內充滿多巴胺，很想做危險的事，不妨幫他買個沙包、網球拍、一根騎馬打仗使用的長矛和一匹打不破的馬（是真的馬，不是馬自達車），只要是能讓他發洩這些荷爾蒙、又不會造成太大傷害的東西皆可。協助他（如果他希望你幫忙的話）想出一種排出這種荷爾蒙的策略。

那麼，該如何教導青少年子女正念？

教導青少年正念不會是件容易的事。尤其是身為父母的你，在這階段是會讓他們感到尷尬的對象。

青少年子女可能會納悶，為什麼他們要做這麼奇怪且看似無用的事。如果她不肯做有助於自我調整的事，直接跟她說她會更受歡迎，不必絞盡腦汁考試，成績也會變好，而且跟異性講話也不會結巴、冒汗。除非她開口問，否則別提到正念。此時只須把種子栽進她的腦子裡，讓她知道感覺失控、想法不由自主等情況是有辦法克服的，而且只要察覺到自己的腦子在打什麼主意，就能減輕自己的壓力。

孩子一進入青春期，叛逆就成了最潮的事。此時許多父母問我的問題是：當青少年子女的大腦像一頭狂踢後腳的野馬時，該如何讓他們練習、甚至瞭解正念？別忘了你正在應付的一是個不肯離開推特或臉書的人，她並不想知道什麼能穩定大腦的技巧，所以又何必自討苦吃呢？

◎練習：說出來，馴服它

或許你可以暗示青少年子女，不妨偶爾測量自己的情緒溫度看看，即使差異只有幾度。等他的情緒開始激動起來，

暗示他或許可以幫自己的情緒貼標籤。他可以寫下來或在心裡對自己說，不必把他的情緒告訴你。許多青少年只知道少數幾個描述情緒的詞彙。我之所以知道這件事，是因為我家小孩還是青少年時，我問他們還好嗎，他們只會回答「還好」或「不好」。給他們一張較全面的詞彙表，可能會有幫助。描述情緒的形容詞約有五千個，所以他們也能稍微擴充一下自己的詞彙量。

解釋當他給情緒（尤其是激烈的情緒）一個簡單的單詞標籤，即可避免陷入鑽牛角尖，也不會左思右想自己為什麼會有這種情緒。幫情緒貼標籤，表示他注意到這種情形，但不必加以詮釋。

你也可以告訴青少年子女：把激烈的情緒從內心的感受，轉移到對身體造成的影響。告訴他情緒沒有對錯：這是人類的一部分，是人都會有情緒，甚至還會有想把父母殺掉的情緒（重要的是：要學習不要把這種情緒化為行動）。

可以試看看以下練習。

用厚紙板剪出兩個圓形，在上面畫出如披薩般的切片，接著在每個切片裡寫上一種情緒，例如憤怒、無聊、孤單或興奮，然後再加入其他四千九百六十五種情緒當中的幾種。

把這兩個圓形貼在冰箱上，請青少年子女把磁鐵放在符合他心情的詞彙上。身為父母的你，也把磁鐵貼在你的情緒切片上。這能讓你們倆人清楚知道自己內心的天氣狀況，也就是你們當時的感覺。

如果你清楚表明自己的心情，青少年子女就能瞭解你目前的情緒狀態，於是能調整他的狀態來跟你打交道。如果你看到他的磁鐵貼在憤怒那格，就默默走開；如果是在開心那格，就把五彩碎紙拿出來。

◎練習：讓青少年子女看大腦的樣子及其運作方式

用大腦素描圖說明在遭到杏仁核劫持，以及繼之而來的皮質醇、腎上腺爆發時，會有哪些情況發生。讓青少年子女知道一旦情緒爆發，所有人都難以阻擋它的攻勢。解釋腦幹的功能以及它為什麼有自己的意志，能讓每個人（不只是青少年）做出瘋狂、衝動的行為。

讓他知道前額葉皮質如何運作，但也要解釋他的前額葉皮質仍在發展中（一定要讓他知道這並不是針對誰，也不表示他做錯了什麼，因為每個青少年的前額葉皮質都仍在發展中）。

◎練習：想像

　　青少年子女在開始大發雷霆時，可試著觀想某個讓他開心的人事物，比如說和他的狐群狗黨相聚（我是不是超酷、超年輕的？），看一張至交好友的照片、度假時拍的快照、或他養的貓照片（我女兒很喜歡海豹寶寶，只要看到小海豹的照片，馬上整顆心都軟化了），找東西踢一腳（不可以踢人），打電話給朋友，慢跑／踢球／大聲彈奏樂器（打鼓很好，但不要在家裡，拜託）。

　　如果他明白這個練習不是為了要終止他的感覺，而是藉由學習大腦的運作方式，幫住他來處理混亂的情緒，他將更有能力處理青春期一些可怕的事件與壓力。以下只是幾件可能會影響他情緒的事：考試成績、感覺自己不夠好、覺得自己長得不夠好看、忍不住感覺自己像個書呆子、被排擠、被霸凌、被奚落、不知該如何處理性／毒品／喝酒等問題，無法融入團體、表現太傑出、感覺孤單、焦慮、感覺生活在父母／教師／所有人的壓力下、青春痘、未來……

　　只要青少年子女開始想像當他調整自我時會發生什麼事，其實就已經在自我調整了。希望有朝一日他可以說：「喔！我現在遭到杏仁核劫持了。」或「哇！皮質醇也分泌得太多太快了吧。」這樣他就能觀照自己的情緒是如何運作

的，而不只是把情緒表現出來。這一切背後的目的，是他終
能瞭解自己的情緒，也能感知自己內在的天氣狀態。關於調
整情緒這件事，就讓他想出他自己的解決方式，如此一來，
一切就會在他自己的掌握中。

正念與我

Mindfulness and Me

我想這本書最後一章的內容應該是寫我到威爾斯班戈大學避靜（那裡是正念研究中心），以及還要在為期一週的避靜前後，各接受一次腦部掃瞄的事。那一週內，我每天禪修七小時，而且不能上網（我不知道哪個聽起來比較慘）。我的想法是，既然我寫的是一本談論正念的書，何不看看內容所言是否屬實……而且，還有什麼方法比拿我自己當白老鼠更好？正念研究與修習中心主任雪倫·海德利（Sharon Hadley）幫我安排好一切，包括腦部掃瞄和報名參加避靜等事宜。

　　抵達班戈大學神經科學大樓之後，有人帶我到放置腦部掃瞄儀的檢查室。當看到這部機器就擺在眼前，那一刻會讓人忘了呼吸。此外，還有套軟體能把你轉繪成立體彩色影像。有人介紹我認識保羅·穆林斯（Paul Mullins），他是班戈大學心理系神經成像科主任，也是資深磁振造影物理學家。原本在休假的他特地回來操作這次的腦部掃瞄（保羅，謝啦！）。他帶著我做一份問卷，問一些像是「如果我們發現哪裡有『異常』，你會希望我們告訴你嗎？」不然還能跟誰說呢？另外還有一些問題是：「你以前接受過腦部掃瞄嗎？」和「你可以接受待在密閉空間裡嗎？」

　　我告訴保羅我很喜歡接受腦部掃瞄，因為我在格拉斯頓伯里的住處跟掃瞄儀沒兩樣（他沒笑）。然後他遞給我一份

免責聲明，上面寫著萬一發生意外，我不能怪他們。他告訴我這次的掃瞄將完全匿名，絕不會有人知道這是我的大腦。我心想：「我有必要在乎這個嗎？接受掃瞄的人是我耶！我都已經上過電視了，還有什麼好保密的？難不成他們還能讀出我的想法，然後向思想警察告發我？」

保羅問我身上有沒有任何金屬物品，因為磁振造影掃瞄儀就像一塊磁鐵，磁力強到能把在波特蘭的冰箱吸過來。他問我所戴的胸罩有沒有鋼圈？我問他這有差嗎？他說我最好不要知道。後來我在那棟大樓遇到一個人，他告訴我幾則恐怖故事：有人躺在掃瞄儀時，被吸進去的金屬物品壓扁；曾有張金屬椅子被吸進去，砸死掃瞄儀裡的那個人。想想看：他們躺在那裡，原本是在擔心腦瘤，結果卻是被一張椅子砸死的。

總之，移除金屬物品之後，我躺在輸送帶上，蓋著毯子，臉上戴著面罩。按鈕一按，我就被送進一個類似棺材構造的開口。他們問我要不要使用鏡子，這樣我就可以在鏡子裡看見他們在看監視器。當然要！我想在他們看見我大腦的那道白光時，記住他們的臉部表情（其實我一直偷偷想像著，在這團混亂底下，我其實是「救世主」）。所以保羅說他準備好了，鑽孔聲也就開始了。他警告過我會有這種聲音，聽起來很像是有人在挖鑿大樓……而我就是那棟大樓。

我心想：「這設備要價數百萬美元，就不能想辦法讓它安靜一點嗎？」我在鏡子裡看見他們在聊天，笑得很開心，像是在討論足球賽結果。螢幕上是我的大腦；他們正在看的是我的記憶、想法、希望、夢想、快樂、絕望……，以及關於我所有的現場活動，而他們卻在聊午餐要吃什麼？我看著他們聊天聊了一小時，沒在他們臉上看見任何我是下一位救世主彌賽亞（messiah）的驚訝跡象。我起身後在顯示器上看見我的大腦，色彩繽紛……真好看。整顆大腦就像霓虹燈魚一樣閃亮，有著好幾兆的螢光線路，無論從哪個角度都看得到。真是太神奇了，我想我可以把它拿到薩奇美術館（Saatchi Gallery）販售……或至少可以在 eBay 上拍賣。然後我在螢幕上看見數千道看似 X 光的東西，散佈在每個大腦原本就該有的區域。感謝老天，沒有空白、空洞的區域。

接著保羅說了所有人都害怕聽到的幾個字：他看見一處「異常」。身為職業憂鬱症患者的我，大半輩子都在想像這種時刻，因為排演過太多次了，所以幾乎沒反應。他說有幾張成像上有東西，但他不知道那些東西是什麼（我當然推論他是在說謊），要不要找神經科醫師看看？這還用問嗎？當然要啊！！！

驚魂未定的我取回我的金屬物品，然後走到另一間檢查室測量腦波。做這項檢查時，頭上會接滿電線。這道程序會

把神經活動顯示成電子信號。負責這些程序的是杜珊娜·朵奇（Dusana Dorjee），她有認知神經科學博士學位，也是正念研究與修習中心的主研究員。她把一個有洞的浴帽戴在我頭上，戴起來很緊，接著請我做三項練習。她請我冥想兩分鐘，聚焦於呼吸。然後，接下來兩分鐘，我應該要讓心念馳散，允許自己鑽牛角尖，並緊抓住進入腦海的念頭。在做第三項練習時，她要我任心念向外攀緣，但別受自己的念頭牽動，別試圖分析這些念頭，要任憑念頭來去（這叫開放式注意力）。

在這之後，她請我把這三個練習全部再做一遍，但這次顯示器上會出現兩張照片，如果我覺得兩張照片類似，就按左鍵；覺得不同，就按右鍵。她想看處於冥想狀態的人如果看見令人不安的影像，反應是否不會那麼激烈。第一組照片是一架飛行中的飛機和一架墜毀在地上的飛機，我覺得類似，於是按左鍵。下一組照片是一隻鯨魚和一個燙衣板（我知道這兩樣是不同的東西），接下來是一隻多毛毒蜘蛛和一支高爾夫球桿。我覺得這些照片沒有一張令我感到不安，只會在答錯時，和明明想按不同鍵卻按下類似鍵時，覺得惱怒。我想像自己正在參加某個電視電玩節目，無論如何非獲勝不可。我處於全面競爭模式……而對手是我自己（我就是這種人）。

之後有人開車載我回我住的旅館，大廳裡有一群當地人正在教威爾斯舞，女生戴著像美國林肯總統的高帽子，穿著前面有圍裙的舊式清教徒洋裝，正在拉小提琴和手風琴。有個打扮更怪的男生拉著我不停轉圈，從頭到尾都在轉圈。威爾斯舞怎麼可能只是轉圈轉個不停呢？我喜歡這種跳法，心想：這一定是我大腦裡那個不管是什麼的異常所造成的影響。

第一天：靜心新訓營

隔天我被帶到崔格納斯避靜中心（Trigonos Retreat Center），地點在威爾斯後山某處的某個湖上。當時才八月初，感覺卻像冬天。一到那裡，我就感覺自己快吐了，非躺下不可。可能是因為我發現每日作息表上寫著七點起床，禪修，八點到九點吃早餐，接著九點到十二點禪修（半小時坐禪，半小時行禪，然後再坐禪，然後喝茶休息，然後半小時坐禪，再半小時行禪），然後是午餐。三點到六點做的事一模一樣：坐著、行走，同時禪修三小時。然後是晚餐，然後是坐禪，晚上九點睡覺……而且做這些事時都不能講話。

這是靜心新訓營。如果有誰以為這只是新時代的噱頭，你自己來試試看。所以第一天，我整天都想吐。我安靜地坐著（病懨懨的），希望自己不會真的吐出來。我不知道後來

是怎麼回房間的,但一碰到床,我就昏迷到隔天早上。避靜的第一晚,我夢到歐巴馬在擦一張玻璃咖啡桌,邊擦邊發表一篇精彩的演說,講的是世界和平。

第二天:腦溢血的經驗談

我把手機鬧鈴設定在早上六點五十七分響起。我起床,準備參加七點的禪修(我喜歡把時間掐得很緊,以刺激腎上腺素大量分泌,就算在避靜時也一樣)。我衝到那間大禪修室,其他人都已經坐在那裡了。有些人披著披肩,呈菩薩坐姿;有些人坐在軟墊上;有些人則是坐在最新的禪修配備座蒲(zafu)(這是一種軟墊,上網搜尋看看)上,用來善待你的小屁屁。我坐在椅子上,只是想表示我很叛逆。

有兩位女性帶領我們僻靜,我會把她們歸類在「有母愛」的那種人。她們頂著一頭亂髮,我估計其中一位腳上穿的,應該是上面有很多洞、很像浴室踏墊的那種橡膠鞋。我猜想這種鞋在遇到水災時應該很好用吧!

她們會用輕柔的聲音說話,就是那種你會在療癒中心聽到的聲音。療癒中心的人會用溫熱過的依蘭依蘭精油,輕輕塗抹你的背部。我跟其中一位名叫裘蒂·瑪度拉(Jody Mardula）的人說話，她是前正念研究與修習中心主任。這時我發現我錯了。我告訴她我的大腦有「異常」，所以避靜期間可能會有些心神不寧。我以為她會倒一杯樹皮汁給我喝，但她沒有，反而接下來用一種輕鬆的口吻告訴我，大約五年前，她因為腦溢血不得不辭去中心主任的始末。

在我的追問下，她告訴我：當時她突然感覺有一道冰涼的瀑布沿著後腦杓往下流，接著就痛到昏倒。她說那很像一道血海嘯，從她的頭蓋骨底下往下流到脖子。她說醒來時，她感覺自己的記憶在那場大毀滅中被沖走了，有些被埋在崩塌的建築物底下，有些則是從泥濘中鑽出來。她不記得自己是誰，在醫院裡做什麼（而我當初之所以找她聊天，是因為我覺得自己很可憐）。幾週後，因為她身上有許多保命的管線，除了右手外，其餘都動彈不得，於是只好做些類似正念練習的活動，進行身體掃瞄和專注於手接觸到床單的感覺，全心全意於生理的感受。之後等她另一隻手也能動時，她則專注於兩隻手互相碰觸的感覺。她說這強化了她注意的能力，當她的心因疼痛而迷失時，也能把她的心帶回來。

幾個月後，雖然病況好轉，但是她卻再也無法變回原來的自己，於是她必須打造一個新的自己。後來有人告訴我，裘蒂年輕時會獨自搭便車遊歷各國，還曾在巴黎住過一間頂樓加蓋的房子，在那裡徹夜狂歡。他們說就連康復期間，必

須拄著柺杖走路，看見幾個孩子墊著厚紙板，從積雪的山坡上往下滑，她還問他們能不能也讓她滑滑看。她把柺杖置於大腿，飛快地滑下坡，把那些孩子嚇了一大跳。

她告訴我：腦溢血的經驗其實也沒那麼糟（你相信會有人這樣說嗎？）。一旦她打造出一個全新的自我，腦子裡就不再有任何批評的聲音，跟她說她不夠好，不夠資格留住那份工作。現在她完全接受自己的狀況，似乎也坦然接受這一切，彷彿失去記憶是地球上最自然的一件事。她記得女兒這件事，對她來說這就夠了。因此，可以從這件事中學到的教訓是：我原以為她是個無名小卒，沒想到她的進化程度幾乎超越了我認識的每一個人。

第三天：禪修時間

我很不開心。坐禪坐了半小時之後，你的內在聲音會尖叫著要你停止，哀求表示禪修時間結束的叮聲快響。

當坐禪結束了，接著馬上就要行禪，往一個方向走十英尺左右，然後再往回走。目的是要你試著聚焦在雙腳接觸地面之處。如此一來當心飄走時，你才可以把注意力帶回其中一隻腳，感覺自己踏出下一步……然後你的心跑到兩年前你

忘了回的那一通電話……然後你把焦點傳送到一隻腳上，再轉移到另一隻腳。儘管看著你的心要著書裡的每一種把戲，要你去想它要你想的事會讓你很痛苦，但漸漸地你會開始明白做這一切的意義。當你的心設圈套引誘你，你正在控制自己的注意力，把雙腳的感受當成回神的心錨。就在我們有些人在外頭散步時，空中飛來一架直昇機，我猜想如果駕駛低頭往下看，會以為自己看到的是《惡夜僵屍》（*The Night of the Living Dead*）的情景。

在坐禪、行禪、坐禪之後，終於聽到*叮*一聲，午餐時間到了。每個人都依序排隊等後，無人推擠，也都很體貼：幫你開門，遞杯子給你。我喜歡每一個人，因為我不必跟任何人說話。我們從未四目交接，因為如果沒什麼話好說，就沒理由對看。不必整天說「謝謝」或「不好意思」，能省下很多力氣，也讓人如釋重負。我要做的只是全神貫注於自己吃的食物。

今天我愛上了一片消化餅。雖然我以前吃過……但不是像這樣吃。我咬了一口後，差點從椅子上跌下來，因為鹹味、甜味和酥脆的口感在我嘴裡炸開，實在是太好吃了，真希望可以這樣一直吃下去。你會開始放慢咀嚼速度，在嘴裡的東西還沒吞下去之前，不會想再吃另一口（狼吞虎嚥是我平時的飲食模式）。你細細品味這個時刻，因為這次的經驗太

動人了。這片餅乾的味道，遠勝過五星級餐廳供應的任何食物。你讓這味道成為你注意力唯一的焦點，其他念頭全都退散了。最後我用紙巾把剩下的一半餅乾包起來，放進鞋子裡，打算留到特殊場合再吃。此時，剛好叮聲響了，表示午餐結束，於是我們每個人像僵屍電影一樣，魚貫般地走回禪修室，坐到自己的座蒲……或椅子上（我的就是椅子）。

我坐在椅子上，開始打瞌睡，心想時間怎麼過這麼慢，但即使是在這裡，時間仍在往前走（我覺得自己好有內涵）。

我現在穿著一條睡褲和一件被蛾咬過的舊毛呢夾克（今天很冷，我不得不借這件夾克禦寒，另外還借了一雙長筒靴搭配），因為沒人看著你的時候，你也不會注意自己的外表（避靜期間我完全沒照鏡子，這是讓我如釋重負的另一件事）。我注意到我正在開始放慢步調時，這可把我嚇壞了，彷彿我正在慢慢停下來，最後變成一尊雕像似的。行禪時，我的腳幾乎抬不起來，全身重得要命。我拖著身體，很像正扛著一頭死掉的大象。我感覺自己就像奶奶臨終前的那幾天，拖著腳步在屋裡四處走動，像個泳池清潔工似的。

在避靜中心期間，可以去找老師聊十五分鐘，告訴他們我們寂靜的心在想些什麼。於是我去見裘蒂告訴她，我覺得自己好老，很怕下場是跟其他老人一起吃司康餅，在花園裡

走來走去找樂子，並感覺自己命不久矣。

結果，裘蒂告訴我，她七十歲了（好了，我沒問題了），並問我至今學到了什麼。我回說：「我覺得自己不再執著於某個從年輕時就已經存在的想法——我是有毒的，別人遲早會發現我壞到了骨子裡，然後開除我，把我扔出去或直接跟我斷絕關係。心裡的那塊石板已經擦乾淨了。」接著我又補上一句：「但我還是很自戀。」她回說：「誰不自戀呢？」我又提到我很怕自己會喪失記憶（我跟一個失憶的人提這碼事，很善解人意，對吧？）她說我不該沒事找事嚇自己……又沒人說我會喪失記憶。她說得沒錯。雖然我們應該專注於自己，但我老毛病又犯了，我又開始在團體裡鎖定不喜歡的人。別忘了，在這裡大家都很安靜。那他們究竟是哪裡惹到我了？有個人我很受不了，因為她呼吸太大聲；還有另一個人，就算叮聲響，表示禪修結束了，但他還是閉著眼睛坐著……他以為他穿著西藏短襪，頭上點顆硃砂，就是入涅槃了嗎？還有我也很氣一個女生，因為她吃東西不閉嘴巴。

裘蒂說，她在靜默避靜時，也會在心裡殺幾個人、嫁幾個人，然後再和幾個人離婚。她告訴我，她喜歡我，還說她從沒這麼喜歡過一個人。我跟她說，我也一樣，她是我新認識的莫逆之交。

我又回去……還用說嗎？……坐禪……沒完沒了的坐禪。我開始倒數還剩幾小時才能回家。我感覺自己的心就像被寵壞的屁孩：想吃、想睡、想去巴黎、想要凍雨趕快停（現在是八月一日，這國家是怎麼回事？）但我越來越瞭解這隻正念雲雀鳥可能造成的效果。在這沒完沒了的練習中，我已經能感覺到自己的注意力肌已從一小塊鼓起，鍛鍊成相當結實的肌肉。我在某樣東西上維持注意力的時間，比平常能做到的來得久。雖然腦子裡的聲音還是在，但我已不再試著讓它們停下來或希望它們能更有深度一點，所以內容越來越不那麼尖酸刻薄。我開始不擔心自己不如想像中的那麼特別。我的自我正在開始跳脫衣舞。雖然前幾天，在那部腦部掃瞄儀裡時，我還認為我的大腦是一顆已悟道的金色球體。

　　沒有人會想在一探自己內心的究竟後，發現自己原來只是一名凡夫俗子，在盔甲底下的自己與他人並無二致。若以為自己高人一等，就是在欺騙自己。我們都只是想把某種生活一筆勾銷的人。如果對自己要求太高，人生就不有趣了，自己也會生病，所以何必呢？我總是想：為什麼我要這樣奴役自己？每次想事情，我總要把自己的心智逼到無法抵達的高度，活像個把孩子一路逼到崩潰的母親。我為什麼就是不能放過自己？我領悟到可能是我一直想讓自己變得更好關係吧的！所以生活壓力才會這麼大。但就算我是個思想簡單、乏味的人，也不打緊。我坐在那裡，心裡浮現這些念頭，就

像一桶清澈的水，底部的沉積物正在往上浮起。每次有沉積物自水底浮出，水就會變得更清澈。

當我不再批評自己，便注意到所有懲罰自己做得不夠多的念頭正在開始消散，甚至可以感覺到臉部的肌肉牽動成一抹微笑。我開始能退一步觀照自己的念頭。當發現一絲一毫的負面想法，或開始出現鑽牛角尖的跡象時，我能將焦點從頭部移開，再轉移到身體，透過身體感受去探查這些想法，不會因此變得鬱鬱寡歡。我總說：憂鬱症患者不可能知道自己何時發作，因為人沒有另一顆備用腦來評估是否出了問題，不像手指斷了或身上有腫塊時那樣。所以我知道我無法口頭警告自己說：憂鬱症快發作了。例如：「喔，我快得憂鬱症了，該怎麼辦呢？」但做這些練習能讓我的腦島變大，我知道我將能感覺到憂鬱症快要發作了。下次我將不會感到如此受困無助。我現在明白「有難過的情緒存在」跟「我很難過」這兩句話是不一樣的（這是部分的我，卻不是全部的我）。

今天下午，在戶外一條小溪邊行禪時，我注意到這條溪老是發出潺潺水聲。於是我跟這念頭玩了起來，注意有在聽跟沒在聽的差別。我開始做實驗，選擇要把注意力集中在何處，是遠在天邊的風聲，還是近在眼前的昆蟲？我怎麼會錯過這麼多生活中的事物？我不記得自己聽過倫敦的風聲。這

些年來，我完全錯過了風，而在這裡，我卻只聽見風聲，以及溪水拍打在石頭上，飛濺成小瀑布的嘩啦水聲。我能盯著一道道小瀑布看超過我平時的十秒上限。我聞玫瑰花（確定沒人在看），決定就在那朵花附近來回行禪，風向對的時候，香味就會撲面而來。每次經過那朵玫瑰花，我就被撲面一次。隔天，玫瑰花死了，香味沒了。我想我從這件事學到了⋯⋯我也不知道我學到了什麼。不，我知道：我學到了萬物皆有一死，因此別太依賴身外之物。很深奧，對吧？現在我知道我要負責拉好注意力。於是晚餐時，我決定觀看遠山上的一頭羊，然後再把焦點轉移到窗台上那隻長腿蜘蛛。我注意這隻蜘蛛很久，久到我都覺得跟牠有感情了。誰知道長腿蜘蛛這麼迷人呢？如果你伸手摸牠的其中一隻腳，牠那兩根像頭髮的觸鬚會感覺到有人在摸牠，於是牠會走開。長腿蜘蛛到處摸來摸去，就像拿著白色棍子的盲人，不過牠們動作很敏捷，而且在什麼東西上都能爬行，可以斜行，也可以頭上腳下爬行（我做過實驗）。

那天晚上吃晚餐時，我愛上了一顆馬鈴薯（我對消化餅的愛已成過去）。真不敢相信馬鈴薯吃起來可以這麼甜、這麼脆，還這麼鬆軟，簡直是得天獨厚哪！我走進廚房，開口講話，要求知道這顆馬鈴薯是怎麼煮的。主廚拿一顆馬鈴薯和一些特易購（Tesco）橄欖油給我看。我不懂：我這輩子也不是沒吃過馬鈴薯，卻從未有過這種層次的感受。我老毛病

又犯了，明明嘴裡還有一顆馬鈴薯，卻還想要一顆。我心想：
「對啦，我就是這樣過日子的。」

第四天：動物聲認知療法

　　起床時，我還是會從床上跳起來驚醒，因為夢裡發生了
緊急狀況。昨晚是被烏龜咬死（佛洛依德，交給你解夢了。
祝你好運！）。現在我醒了，於是在浴缸裡放滿水。我一向
不明白熱水跟冷水摸起來有什麼不同。洗完澡後，我下樓加
入其他人，一起做些太極之類的運動。我暗自裡偷笑，心想
這些動作真可悲，不過是慢慢地把手舉起、放下。我可是能
做伏地挺身的人啊！老天爺，下犬式我可以連續做好幾小時
呢。於是我開始真的很慢很慢地舉起兩隻手臂……然後發現
我做不到。把兩隻手舉起來實在是太累人了。你可以想像我
是怎麼在心裡痛罵自己窩囊廢，但我做了一件這輩子從未做
過的一件事：我放棄了，只舉起一隻手臂……而且還只舉到
一半。

　　吃早餐時，我那碗麥片裡有一粒葡萄乾的味道讓我差點
忘了呼吸。我開始想釐清為什麼我的感覺檔次變這麼低（不
是憂鬱，是別種更夢幻的東西，卻不可怕）。我意識到打從
來這裡的第一天起，我的杏仁核就派不上用場了，因為這裡

沒什麼好怕的。我可以信任每個人，他們傷不了我，因為他們不能講話。就算他們能開口，或許也傷不了我。這就是我不必隨時注意哪裡會出問題的情形。此時此刻，我什麼也不擔心，甚至也不擔心這本書寫不寫得完。

今天下午我們開口說話了，因為老師請我們報告近況，說說自己腦子裡在想什麼。有個女生說她老是在做計畫，停不下來（她是靠做計畫過活的）。一早她就計畫自己要坐在哪個軟墊上，甚至還計畫自己要聚焦於哪個身體部位。另一個女生說她覺得她做的每件事都很蠢，她知道大家都覺得她很笨（她不笨，但我不能講話，所以不能告訴她）。有個男的說他一直在到處找問題，因為在現實生活中，他的工作就是解決問題，所有沒問題需要解決會令他感到空虛。然後他試著解決那個說自己很笨的女生的問題。裘蒂請他不要這樣做。她說：你以為自己是在展現同理心，但其實你只是在逃避自己的問題。是你比較需要幫助別人，而不是別人需要你幫助。此外，如果你一直想幫助別人，就會出現所謂「同理心疲乏」的情況。真想幫助別人，就好好聽他們說話，不要一直覺得你有多同情他們。

談話結束，於是我又回去……猜猜看是什麼？……坐禪。我被遠方兩隻狗的叫聲吸引，一隻是男中音（我猜那是大丹犬），另一隻則是個愛亂叫、脾氣暴躁的小型犬。我聽

狗叫聲聽得呆住了。我注意到牠們沒有敵意（以前的我一定會這麼認為），牠們只是在聊狗天而已。當牠們不叫了，我才發現自己很想念牠們的聲音。於是各種念頭開始浮現在腦海中，我試著把這些念頭當成狗叫聲來聽：有些大聲，有些小聲，有些亂叫，有些好笑。這招很有效，因為我聽不懂狗叫，所以不會陷入其中。我只是在對自己吠叫。要是我能一直用這種方式看待自己的念頭，就不會落得如此下場。我應該開始行銷我的新方法：「狗叫認知療法」。

第五天：讓念頭自由

夜裡我醒來幾次，在家裡也會這樣，而且通常要很久之後才能再睡著，如果還睡得著的話。但昨晚不同，我大概是在凌晨三點醒來，所以我試著做每天做七小時的那些事：聚焦於呼吸，當念頭佔上風時，只要把焦點再拉回來就好。我也注意到腦子裡的影像何時變得不真實，因為我腦子裡有個人開始長出海星手臂和海星腳，而且我記得自己心想：「這種事不可能發生在真實生活中，所以我一定是開始在作夢了」……然後就睡著了。

早上第一次禪修時，我注意到我的心靜下來了，感覺本來緊纏著肚子的班卓琴弦，發出乒的一聲彈開了。第一天

那種想吐的感覺消失了，取而代之的是肋骨下方一種寧靜的刺痛感，從身體左側往上傳導至左半腦。當叮聲響起（知道我在說什麼吧！），我還想繼續坐著。這種情況前所未有。我意識到我不是在試著矯正姿勢或呼吸，而是完全地安頓下來，安住於自己體內，一點也不想起來。「我想要」的那顆按鈕關閉了，所以我能清楚聽見周遭的聲響。我聽不見那兩隻狗的叫聲，但風正呼呼地吹著，音階有高有低。門是開著的，風吹在我臉上，感覺像有人在朝我呼氣。我開始聽見微弱的呢喃聲，低語著：「這表示我一定是真的表現得很好，完全做對了。各位，看看我呀！我是班上前幾名的學生。」我發現自己正在這麼做，而且是有史以來頭一遭，我沒拿鞭子出來打自己。我很開心。

過一會兒之後，我肚子餓了，於是去吃早餐，然後發現自己不大想吃，反而會刻意把焦點從近在眼前的事物，拋向遠在天邊的景物，彷彿正使用望遠鏡看東西般。我把焦距擴大，看著山，看著雲朵將亮光灑在山上，像一波海浪。行禪時，我發現自己更容易把焦點從一片葉子拋向整棵樹，然後往上到天空，再回到一隻正在吸吮紫花花蜜的蜜蜂。這地方就像天堂（雖然還是很冷）。我決定：如果我腦子裡那幾個白點表示我會喪失記憶力的話，那麼剩餘的人生，若是只能體驗這種感官的正面衝擊，把眼前的一切盡收眼底，我也無所謂。我希望如果真的失憶了，我還能記得朋友、家人就好。

除此之外，這種聚焦於周遭事物的細節、不必趕著做下一件事的狀態，實在是太完美了，我很喜歡。

之後，我得到一個意象：放任這些念頭在我四周飄盪，好比在湖裡游泳。湖水可能清澈冰涼，也可能混濁不清，但這與我無關：我不是湖水，只是在湖裡游泳的人。游泳時，我能夠只是四下張望，不搜尋死掉的珊瑚礁或鯊魚之類的問題。我可以只是享受身在湖裡的感覺。

今天晚上那兩隻狗又叫了，我好喜歡牠們的叫聲，猜想牠們在哪裡。等我返回現實生活，我一定要弄清楚自己的個性，再想辦法變回那樣的自己。

第六天：實驗結果

今天早上我走到我那張椅子，彷彿它是個失聯許久的老友。我想永遠坐在上面。只是那種刺痛的感覺又出現了，幸好我身上哪裡都不痛，而且我能強烈感受到這種全新的能量。萬歲！我沒那麼老。我的念頭比平常安靜，當念頭又浮現時，我對待它們會像媽媽跟孩子說：「很晚了，該睡覺了。」那樣。我感覺不到過去或未來，唯有此時此刻，像聽外頭的溪流般聽著這道意識流。我最後一次去吃這裡的早

餐，注意到某些人，然後又開始評判他們。

那個以為自己是菩薩的傢伙，仍處於恍惚狀態，閉著眼睛聞他那碗麥片粥。我心想：「沒用的傢伙。」但我認為有部分的我也是那樣。我不必跟他說他是個沒用的人，我可以只在心裡默想就好。我們當中有幾個人只是坐在那裡望著窗外，彷彿外頭正播放著一部賣座鉅片。有隻黑白相間的鳥剛飛下來，遠方有部拖拉機和一直在移動的羊群（我們從沒注意到羊在移動，只知道牠們老是變換位置）。我們看得心醉神迷，真是太神奇了。我看得出來，大家哪兒也不想去，只想待在這裡看。我最後再拿一片消化餅，但只吃一半，因為我要到外面聞玫瑰花香……那朵花死了，所以我只是去哀悼。我跟那兩隻從未謀面的狗道別。我不想要這一切結束……但總有一天會結束的……萬物皆有終了時。

回倫敦之後，我又做了一次腦部掃瞄，省得你們有些人猜想我的大腦到底有何異常。有位神經科醫師告訴我，我腦子裡的東西並無大礙，所以結局皆大歡喜……或是我們所能得到最快樂的結局。

今天是最後一天，我重返班戈大學，杜珊娜・朵奇醫師又幫我做了一次腦電圖檢查。杜珊娜醫師是神經科學家，也是一位非常優秀的學者。我會解釋她的研究結果給各位聽，

解釋得不好請見諒。內容請翻閱書末附錄。

這次實驗要找的是：正念對情緒自我調整效果的證據。在避靜之前，她給我看過幾張令人不安的負面照片，例如墜機、貧困的孩童、被人拿槍抵著的人。當時我出現高度情緒反應，我自己感覺不到，但腦電圖擷取得到神經元的動作電位，因此會顯示出我並未察覺到的情況。強烈的反應（在第304頁的圖表上以黑柱表示）反映出杏仁核劫持的情形，同時伴隨著皮質醇和腎上腺素大量分泌。儘管當時她要我把注意力傳送到呼吸上，卻還是出現這種反應。避靜之後，我再看到同樣負面的照片，同時再次聚焦於呼吸，結果顯示我的情緒幾乎完全不受影響，這表示我已經成功調整了自己的反應。

杜珊娜醫師說，為使這種實驗確實有效，必須增加參與實驗的人數。此外，還要有控制組。

我打電話給馬克·威廉斯（他是正念認知療法的創辦人之一），通知他測驗結果不錯的消息，也告訴他，要是他們發現正念對我毫無效果，我就會要求牛津大學退我學費。既然他是我的教授，那麼他也會顏面掃地。我會想：「練習了那麼多小時，全都是白忙一場嗎？那還不如練莎莎舞算了。」他覺得我的話很好笑。

有人說腦部掃瞄無法真正顯示自己的主觀感覺，而這些神經科學實驗根本無法讓人知道自己內心真正的想法。當你感覺很不錯時，你的腦部掃瞄卻可能顯現出異常。

威廉・庫肯（Willem Kuyken）是牛津大學臨床心理學教授及正念中心主任。他寫道：「正念神經科學雖前景看好（因其有益於臨床病症，促進心理健康），卻仍處於發展初期。腦部掃瞄目前雖是了不起的科技，卻好比用倍數有限的望遠鏡觀看天上的繁星。」你同意也好，不同意也罷，無論結果如何，我的心、我的身體都感覺不同了。我認為寫這樣的一本書，完全沉浸於這種練習中，是不可能不受到影響的。

我覺得有點難過，因為我這麼努力創造出的表象已無法再左右自己。它陪伴我經歷了風風雨雨，以前我可以欺騙自己，認為我做的一切，或陪我做這些事的人，在我人生中舉足輕重。我現在感覺很像逮到自己做錯事，可以更清楚看見自己的動機。比方說，有時我會藉由他人來分散我的注意力，不讓自己感覺那麼虛假茫然。

有些事還是能觸發我激烈的情緒，我認為這些事永遠不會消失，只是模糊多了。我能看著它們即將發生，記得它們只是觸發情緒的事物，而非事實。

我不知道我的憂鬱症會不會再發作，以及何時發作，但我已經不會害怕了，因此我把藥量減低。前提是：如果無法完全停藥，我不會覺得那是因為我很失敗。我也不再害怕獨處，現在的我喜歡獨處，喜歡聆聽自己的念頭，而不是永遠忙個不停，藉此遠離這些念頭。我的念頭不像我之前想的這麼糟，有時有它們陪伴還挺有意思的。所以，沒錯，這一切改變了我。目前我無法預測接下來會發生什麼事，但此時此刻，我覺得心清意明。

Appendix

附錄

大腦在正念避靜後對負面照片反應強度的變化

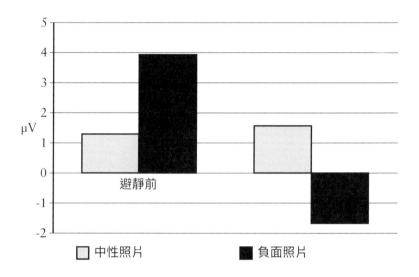

上圖表示大腦在正念避靜前後，對中性照片與負面照片的反應強度，可看出避靜後大腦對負面照片的反應強度減弱。

下列曲線圖是我在正念避靜前後，聚焦於自己的呼吸時，對中性與負面照片的反應。

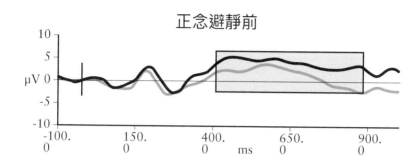

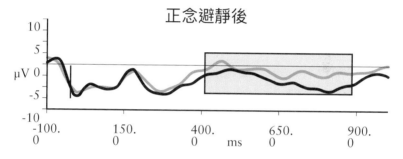

　　上圖顯示在正念避靜前後，對中性照片與負面照片的大
腦反應（事件相關腦電位）。圖中特別標示的方框區間，是
對情緒調控具有高靈敏度的晚期正向波（late positive poten-
tial，簡稱 LPP）。

　　以下是他們對我的總評：

　　我們在分析時，看的是對有效調節情緒的能力具有高

敏感度的大腦指數（事件相關腦電位，名稱為晚期正向腦波）。此大腦指數強度較低，表示調節情緒的能力較佳（例如 Hajcak, 2006）。本次研究中，我們先請受測者靜心（聚焦於呼吸，將自己的起心動念視為稍縱即逝的短暫經驗），再比較大腦對中度負面照片與中性照片的反應。我們比較茹比進行五天避靜前後的結果，發現她的大腦對負面照片的反應降低，但對中性照片的反應則未見此情形。這表示避靜後，她的大腦對負面照片反應的適應調節力提高了，同時依然保有對中性照片的敏感度。易言之，此結果似乎不單純是因為同樣的照片看了第二遍，因此對這些照片「減敏」（desen-sitization），而減敏是重複施測時經常發生的現象。這些結果似乎呼應了至今發表的唯一一篇研究發現。該研究結果顯示，此大腦指數的調變與正念具有相關性（Brown et al., 2012）。這份研究發現，正念傾向越高，此大腦指數的強度就越低。然而有件重要的事是要記得目前這份比較資料，所根據的僅是一人避靜前後的結果。為提供更確鑿、更嚴謹的結果，我們必須測試一群參加者在避靜前後的結果，同時比較避靜組與一群未從事避靜或參加不同活動者的變化，以控制重複看圖的影響。

參考文獻

Brown, K. W., Goodman, R. J. & Inzlicht, M. (2012)，「特質正念與情緒刺激的神經反應減弱」（Dispositional Mindfulness and the Attenuation of Neural Responses to Emotional Stimuli），《社會認知與情緒神經科學》（*Social Cognitive and Affective Neuroscience*），第八期，2013 一月 (I)，93-99 頁。

Hajcak, G. & Nieuwenhuis, (2006)，「重新評估調節腦電位對令人不悅照片的反應」（Reappraisal Modulates the Electrocortical Response to Unpleasant Pictures），《認知、情緒與行為神經科學》（*Cognitive, Affective, & Behavioral Neuroscience*），第六期（4），291-2977 頁。

「調查正念訓練對青少年專注力與情緒調節力的影響」

……這是班戈大學心理學院正念大腦研究室正念研究與修習中心（http://mindfulbrain.bangor.ac.uk），柯芬・桑格（Kevanne Sanger）與杜珊娜・朵奇博士所做的研究。

這項計畫的目的是調查校方若將正念訓練列入高二、高三學生（年齡介於十六至十八歲）的正規課程，學生的大腦功能是否將出現任何變化。參與這項研究的學生來自北威爾斯的四所學校，其中兩校教師教導學生八週正念課程。我們測量的是上課前後大腦活動模式、問卷答案，以及一般看診次數的變化，並同時對另外兩校學生（控制組）施測，以取得參照點。學生在評估完成後，繼續照常上課並接受正念訓練。測量方式為：學生在電腦上執行兩項任務，所測得的大腦反應將呈現為腦波模式。第一項任務評估的是注意力，記錄的是大腦對很少或經常出現的形狀的反應。第二項測驗測的是大腦對電腦畫面上快樂、難過、中性等臉部表情的反應，並評估情緒處理與情緒調節能力。

結果令人振奮。研究結果顯示：當電腦螢幕上出現與注意力任務無關且令人分心的形狀時，這群高二、高三學生較能停止反應。這對維持注意力而言，相當重要。在執行情緒

任務時，相較於未接受正念訓練的學生，接受過正念訓練的學生能更充分解讀臉部的情緒。實際上，未接受正念訓練的那組學生，對臉部情緒的大腦反應強度較低。問卷調查結果也有利於正念：控制組學生越來越容易分心，正念組學生則否，且接受過正念訓練的學生幸福感也增加了。此外，接受正念訓練的學生表示，在接受正念訓練之後，他們較少因壓力或睡眠障礙等生理健康因素而就診。綜合以上結果，可看出正念訓練或許能增強青少年持續專注於某項任務，且心不隨外境起反應的能力。正念訓練對青少年的幸福感可能也有正面的效果，並有助於他們在察覺他人情緒時，不持先入為主的看法。

正念對小學生的影響

班戈大學心理學院正念研究與修習中心研究員（Vickery & Dorjee, 2015）最近首度進行正念對英國小學生影響之研究。在這項研究中，某所國小三、四年級的學童接受了正念訓練，所得出的結果，再與另外兩所未教導正念的學校同年級學童的結果進行比較（這兩所學校在完成評估後，也規劃了正念訓練課程）。該所學校將正念訓練列入生活倫理與道德教育的正規課程，由該校教師負責授課，並於授課半年前接受正念訓練。評估重點主要在於學童情緒幸福感及後設認

知（即兒童注意到並調整行為的能力）兩方面的變化。情緒幸福感方面的評估方式，即是請受測學童填寫問卷。後設認知的評估方式，則是請教師和家長完成問卷填寫。學童分別於三個時間點接受評估，亦即正念訓練開始前、完成訓練後立即，以及完成訓練三個月後（後設認知評估只在訓練前及訓練結束三個月後執行）。研究員也會評估學童對於在學校練習正念的喜歡程度。

結果顯示：多數學童（佔百分之七十六）喜歡在學校練習正念，此接受度高於他們剛接觸的多數新學科，一般對新學科的接受度約為百分之五十。接受正念訓練三個月後，學童的負面情緒也明顯減少。此外，教師彙報學童後設認知明顯改善，父母則未回報孩子後設認知出現顯著變化。有些學童的多數變化，是在接受訓練三個月後才出現，這可能是因為正念訓練會先提高兒童的覺察力與認知能力，之後才會影響他們自我調節情緒的能力。也可能是問卷評量方式不夠精準，無法測量出兒童注意能力及情緒處理能力方面更細微的變化。班戈大學使用腦波得出的標記，對該校學童進行了更進一步的研究，結果顯示該校學童在接受正念訓練後，注意的效能有所提升。該研究團隊目前正針對正念對國小學童的影響，進行更深入、更廣泛的研究，研究重點在於注意力與情緒調節力大腦標記的變化。

參考文獻

Vickery, C. & Dorjee, D. (2015). 《國小正念訓練能降低兒童的負面情緒並加強後設認知》（Mindfulness training in primary schools decreases negative affect and increases meta-cognition in children）《教育心理學前線》,（Frontiers in Educational Psychology）。

致謝

你知道有些書在結尾處會花上好幾頁篇幅，沒完沒了地向朋友、同事、家人、研究員、諾貝爾獎得主、教授、心靈導師等人致謝嗎？呃，我可以感謝的人，一個也沒有。因為我是獨自寫這本書的，無人幫忙。

我也想跟其他作者一樣，向某些人致敬，說些如此這般的話：「我想感謝我的朋友兼鄰居貝蒂・蘇帕爾斯基（Betty F. Soupalski），她是個有遠見的人，也是我的靈感來源。謝謝她在那些黑暗的夜晚，牽著我的手，撐著我的頭，陪伴伏在水槽上大吐特吐的我，也謝謝她總在我撐不下去的時候，帶英式鬆餅來給我吃」；「謝謝艾爾・凱克納（Al Kackner），雖然他已不在人世，但他的奉獻與勇氣將永留人間。即使他只剩一息尚存，心電圖上也已經出現一直線，他仍打起精神修改我的標點符號」；「我想謝謝那幾百名發推特給我的支持者。你們那無止盡的愛永遠令我肅然起敬，沒有你們，這本書根本寫不出來」，或者「感謝蘇格拉底和亞里斯多德將智慧傳承給我，並准許我傳遞這智慧之火，謝謝兩位」。

但是，我之前說過這本書是我自己寫的，除了我的朋友兼編輯，喬安娜・包溫（Joanna Bowen），她不眠不休地工

作，像奴隸一樣，好讓讀者看得懂這本書。還有我的家人，不知他們怎麼受得了我這陰晴不定的脾氣。

還有本書發行人，企鵝出版集團（Penguin）的凡妮莎·巴特菲爾德（Venetia Butterfield），以及我的經紀人卡洛琳·米契爾（Caroline Michel），沒有她就不會有這本書。

因為有某些人協助，讓這本書雖簡化了神經科學，卻仍不失其正確性。因此我想感謝杜珊娜·朵奇（Dusana Dorjee）博士，她是領導正念研究與修習中心研究計畫的認知神經科學家，感謝她調查我的腦部。另外還要感謝以下諸位：正念研究與修習中心前主任裘蒂·瑪度拉（Jody Mardula）；班戈大學心理學院（教學）副院長奧利佛·滕博爾教授（Oliver Turnbull）；開普敦大學行為經濟學與神經經濟學研究單位博士後研究員安德魯·戴利斯（Andrew Dellis）；牛津正念中心主任威廉·庫肯（Willem Kuyken）；幫我實施磁振造影掃瞄的保羅·穆林斯（Paul Mullins）；學校正念計畫的共同創辦人克里斯·科林（Chris Cullen）；身兼牛津大學臨床心理學教授與維康基金會（Wellcome Trust）主要研究員，並與約翰·蒂斯岱（John D. Teasdale）及辛德·西格爾（Zindel Segal）兩位同事共同發展出正念認知療法的馬克·威廉斯（Mark Williams）；以及正念研究與修習中心的中心經理雪倫·葛瑞絲·海德利

（Sharon Grace Hadley），感謝她安排我在班戈大學的所有事務。

我也想感謝多位才氣縱橫的作者，因為他們的作品被我改寫成我自己的話。名單如下：

1. 『不是孩子不乖，是父母不懂！：腦神經權威 × 兒童心理專家教你早該知道的教養大真相！』丹尼爾・席格，瑪麗・哈柴爾 / 著 （野人出版）

2. 『正念：八週靜心計畫，找回心的喜悅』馬克・威廉斯、丹尼・潘曼（天下文化）

3. 『正念療癒，告別疼痛：找回身心平衡的八週靜心練習』丹尼・潘曼，維達瑪拉・博許 （天下文化）

4. 『正念療癒力：八週找回平靜、自信與智慧的自己』喬・卡巴金（野人 出版）

5. 『青春，一場腦內旋風：「第七感練習」，迎向機會與挑戰！』丹尼爾・席格（大好書屋）

6. 『孩子如何成功：讓孩子受益一生的新教養方式』 保羅・塔夫（遠流）

7. 『是情緒糟，不是你很糟：穿透憂鬱的內觀力量』馬克・威廉斯、約翰・蒂斯岱、辛德・西格爾、喬・卡巴金（心靈工坊）

8. 『信念的力量：新生物學給我們的啟示』布魯斯・立普頓（張老師文化）

9. 『為什麼斑馬不會得胃潰瘍？：壓力、壓力相關疾病及因應之最新守則』Robert　M. Sapolsky（遠流）

10.『專注的力量：不再分心的自我鍛鍊，讓你掌握APP世代的卓越關鍵』

丹尼爾 高曼（時報出版）

11. 『第七感：自我蛻變的新科學』 丹尼爾・席格（時報出版）

12. 『搜尋你內心的關鍵字：Google 最熱門的自我成長課程！幫助你創造健康、快樂、成功的人生，在工作、生活上脫胎換骨！』 陳一鳴（平安文化）

13. 『像佛陀一樣快樂：愛和智慧的大腦奧祕』瑞克・韓森、理查・曼度斯（心靈工坊）

14. David Eagleman: The Brain: The Story of You

15. Dr Shanida Nataraja: The Blissful Brain: Neuroscience and Proof of the Power of Meditation

16. Daniel J. Levitin: The Organized Mind: Thinking Straight in the Age of Information Overload

17. Eline Snel : Sitting Still like a Frog

18. Jack Kornfield : A Path with Heart

19. Janey Downshire and Naella Grew: Teenagers Translated: How to Raise Happy Teens

20. Joe Dispenza: Evolve Your Brain: The Science of Changing Your Mind

21. Matthew D. Lieberman: Social: Why Our Brains are Wired to Connect

22. Paul Gilbert: The Compassionate Mind: A New Approach to Life's Challenges

23. Rebecca Crane: Mindfulness-based Cognitive Therapy: Distinctive Features

24. Sarah-Jayne Blakemore and Uta Frith: The Learning Brain: Lessons

for Education

25. Steven Johnson: Mind Wide Open: Your Brain and the Neuroscience of

 Every Life

26. Sue Gerhardt: Why Love Matters

27. Sharon Begley: Train Your Mind, Change Your Brain: How a New Science

Reveals Our Extraordinary Potential to Transform Ourselves

還有以下這些科學研究論文

1. Dr Elena Antonova, 'Neuroscience of Empathy and Compassion', Institute of Psychiatry

2. J.A. Brefczynski-Lewis, A. Lutz, H.S. Schaefer, D.B. Levinson and R.J. Davidson: 'Neural Correlates of Attentional Expertise in Long-term Meditation Practitioners'(2007)

3. Kirk Warren Brown, Richard M. Ryan and J. David Creswell: 'Mindfulness: Theoretical Foundations and Evidence for Its Salutary Effects'(2010)

4. Kalina Christoff, Alan M. Gordon, Jonathan Smallwood, Rachelle Smith and Jonathan W. Schooler: 'Experience Sampling during fMRI Reveals Default Network and Executive System Contributions to Mind Wandering'(2009)

5. Richard J. Davidson: 'Well-being and Affective Style: Neural Substrates and Biobehavioural Correlates'(2004)

6. Richard J. Davidson and Antoine Lutz: ‘Buddha's Brain, Neuroplasticity and Meditation'(2008)

7. Dr Dusana Dorjee: Mind, Brain and the path to Happiness: A Guide to Buddhist Mind Training and the Neuroscience of Meditation (2013)

8. Norman A. S. Farb, Zindel V. Segal, Helen Mayberg, Jim Bean, Deborah McKeon, Zainab Fatima and Adam K. Anderson: Attending to the Present: Mindfulness Meditation Reveals Distinct Neural Modes of Self-reference'(2007)

9. Michael D. Fox, Abraham Z. Snyder, Justin L. Vincent, Maurizio Corbetta, David C. Van Essen and Marcus E. Raichle: ‘The Human Brain is Intrinsically Organized into Dynamic, Ani-correlated Functional Networks'(2005)

10. Jonathan P. Godbout and Ronald Glaser:' Stress-induced Immune Deregulation: Implications for Wound Healing, Infectious Disease and Cancer'(2006)

11. Britta K. Hölzel, Sara W. Lazar, Tim Gard, Zev Schuman Olivier, David R. Vago and Ulrich Ott: ‘How Does Mindfulness Meditation Work: Perspectives on Psychological Science'(2011)

12. Trols W. Kjaer, Camilla Bertelsen, Paola Piccini, David Brooks, Jorgen Alving and Hans C. Lou: 'Increased Dopamine Tone during Meditation-induced Change of Consciousness'(2002)

13. Antoine Lutz, Julie Brefczynski-Lewis, Tom Johnstone, Richard J. Davidson:' Regulation of the Neural Circuitry of Emotion by Compassion Meditation: Effect of Meditation Expertise'(2008)

14. Antoine Lutz, Lawrece L. Greischar, Nancy B. Rawlings, Matthieu Ricard and Richard J. Davidson: ‘Long-term Meditators Self-

induce High-amplitude Gamma Synchrony during Mental Practice'(2004)

15. Antoine Lutz, Heleen A. Slagter, John D. Dunne and Richard J. Davidson: 'Attention Regulation and Monitoring in Meditation: Cognitive-emotional Interactions'(2011)

16. J.Mark, G. Williams, John D. Teasdale, Judith M. Soulsby, Zindel V. Segal, Valerie A. Ridgeway and Mark A. Lau: 'Prevention of Relapse/ Recurrence in Major Depression by Mindfulness-based Cognitive Therapy'(2000)

17. Malia F. Mason, Michael I. Norton, John D. Van Horn, Daniel M. Wegner, Scott T. Grafton, C. Neil Macrae: 'Wandering Minds: The Default Network and Stimulus-independent Thought'(2007)

18. Katie A. McLaughlin and Susan Nolen-Hoeksema: 'Rumination as a Transdiagnostic Factor in Depression and Anxiety' (2010)

19. K. L. Mills, F. Lalonde, L. S. Clasen, J. N. Giedd and S. J. Blakemore: 'Developmental Changes in the Structure of the Social Brain in Late Childhood and Adolescence'(2014)

20. Jaak Panksepp and Douglas Watt: 'What is Basic about Basic Emotions? Lasting Lessons from Affective Neuroscience'(2014)

21. Katya Rubia: 'The Neurobiology of Meditation and Its Clinical Effectiveness in Psychiatric Dosprders'(2009)

22. Tania Singer, Ben Seymour, John O. Doherty, Holger Kaube, Raymond J. Dolan and Chris Frith: 'Empathy for Pain Involves the Affective but not Sensory Components od Pain'(2004)

23. Helen A. Slagter, Richard J, Davidson and Antoine Lutz: 'Mental Training as a Tool in the Neuroscientific Study of Brain and Cognitive Plasticity: Frontiers in Human Neuroscience'(2011)

24. Jonathan Smallwood and Jonathan W. Schooler: 'The Restless Mind'(2006)

25. Jonathan Smallwood, Daniel J. Fishman and Jonathan W. Schooler: 'Counting the Cost of an Absent Mind: Mind Wandering as an Under-recognized Influence on Educational Performance'(2007)

26. Jonathan Smallwood, Merrill McSpadden and Johnthan W. Schooler: 'The Lights are on but No One's Home: Meta-awareness and the Decoupling of Attention When the Mind Wanders' (2007)

27. Yi-Yuan Tang, Britta K. Hölzel and Michael I. Posner: 'The Neuroscience of Mindfulness Meditation'(2015)

28. Edward R. Watkins: 'Constructive and Unconstructive Repetitive Though'(2008)

以及感謝在本書中出現過的每一個人。

人生顧問 CFC0244

全新 6 週正念練習法──
全球最熱潮流，人人都在追求的內在整理，
讓你進入最佳工作狀態，活出逾悅人生！

作　　者──茹比·韋克斯
譯　　者──張琇雲
主　　編──周湘琦
責任編輯──李怜儀
責任企劃──塗幸儀
封面設計──季曉彤
內頁設計──黃庭祥
董 事 長
總 經 理──趙政岷
總 編 輯──周湘琦

出 版 者──時報文化出版企業股份有限公司
　　　　　10803 台北市和平西路三段二四○號二樓
　　　　　發行專線──（○二）二三○六─六八四二
　　　　　讀者服務專線──○八○○─二三一─七○五
　　　　　　　　　　　　（○二）二三○四─七一○三
　　　　　讀者服務傳真──（○二）二三○四─六八五八
　　　　　郵撥──一九三四四七二四時報文化出版公司
　　　　　信箱──台北郵政七九～九九信箱
時報悅讀網──http://www.readingtimes.com.tw
電子郵件信箱──books@readingtimes.com.tw
生活線臉書──https://www.facebook.com/ctgraphics

法律顧問──理律法律事務所　陳長文律師、李念祖律師
印　　刷──盈昌印刷有限公司
初版一刷──2016 年 11 月 4 日
定　　價──新台幣 360 元

（缺頁或破損的書，請寄回更換）

時報文化出版公司成立於一九七五年，並於一九九九年
股票上櫃公開發行，於二○○八年脫離中時集團非屬旺
中，以「尊重智慧與創意的文化事業」為信念。

國家圖書館出版品預行編目 (CIP) 資料

全新 6 週正念練習法 / 茹比．韋克斯作；張琇雲譯．-- 初版．-- 臺北市：時報文
化，2016.11
　面；　公分．--（人生顧問；CFC0244）
譯自：A mindfulness guide for the frazzled
ISBN 978-957-13-6784-2(平裝)
1. 靈修
192.1　　　　　　　　　　　　　　　　　　　　　105017129